LIMM & NIES

Andi Fett

NEIH WACHTEN

9 Vorlesegeschichten zum Frohen Fest

3

ᴄʟᴠ
Christliche Literatur-Verbreitung e.V.
Ravensberger Bleiche 6 · 33649 Bielefeld

1. Auflage 2016

© 2016
by CLV · Christliche Literatur-Verbreitung
Ravensberger Bleiche 6 · 33649 Bielefeld
Internet: www.clv.de

Satz & Umschlag: typtop, A. Fett, Meinerzhagen
Umschlagfoto: fotolia.com, © cirodelia
Druck & Bindung: GGP Media GmbH, Pößneck

Bestell-Nr. 256185
ISBN 978-3-86699-185-9

INHALT

LIMM & NIES   ZUM VORLESEN & NACHMACHEN

Einige der folgenden Kurzgeschichten findest du auch im Programm von *Radio Doppeldecker* – einer Kindersendung, die die frohe Botschaft von Jesus Christus zeitgemäß verbreiten möchte. Du findest jede Woche eine neue als Podcast unter

WWW.DOPPELDECKER.INFO

Vermisst

Girlanden aus Tannengrün hängen über den engen Einkaufsstraßen. Überall blinken Lichterketten. Das ganze Städtchen funkelt wie eine Modelleisenbahn-Landschaft. Aber hinter all dem Glanz, weit hinter den erleuchteten Wohnzimmerfenstern und Straßenlaternen, ereignet sich in der Dunkelheit eine ganz unglaubliche Geschichte.

»Mama, wie lange dauert es noch bis zur Bescherung?«
»Ach Hanna, was bist du so ungeduldig? Genieße doch die Vorfreude auf deine Geschenke!« – »Hast du denn keine Idee, was ich machen könnte? Mir ist so langweilig ...«

»Hanna, die paar Stunden ... Lies doch etwas, oder ... weißt du was? Du könntest zu Miriam gehen und ihr etwas helfen. Ich traf sie heute früh beim Einkauf. Sie hatte Ben auf dem Arm und suchte nach Backpapier. Sie will noch das ganze Haus putzen, bevor ihre Eltern kommen. Dabei hatte sie noch nicht mal Plätzchen gebacken. Alleine schafft sie das nie. Der kleine Ben raubt ihr bestimmt den letzten Nerv. Vielleicht kannst du ein bisschen auf den Kleinen aufpassen. Dann ist allen geholfen.«

Miriam ist eine alleinerziehende Mutter, die nur fünf Häuser weiter wohnt. Jedes Jahr an Weihnachten kommen ihre Eltern aus Norddeutschland zu Besuch. Aber diesmal hat sie es nicht geschafft, alles tipptopp fertig zu haben.

Dingdong. Miriam schaut entnervt zur Tür. Wer ist das denn noch? Das hat ihr gerade noch gefehlt. *»Hallo? Wer klingelt da? Es ist jetzt gerade ganz ungelegen!«* – Doch dann hört sie eine Mädchenstimme antworten: *»Hallo Miriam! Hättest du was dagegen, wenn ich auf Ben aufpasse, während du putzt?«*

Die junge Mutter kann es fast nicht glauben, dass Hanna ihr so einen Vorschlag macht. *»Mensch Hanna! Klasse! Du kommst wie gerufen. Du bist ein – ein richtiges Weihnachtsgeschenk. Der Kleine brüllt und jammert die ganze Zeit. Ich kriege nichts geregelt. Könntest du Ben etwas spazieren fahren?«*

Wenig später hat Miriam ihr 10 Monate altes Krabbelkind dick eingepackt. Unter der wollenen Mütze und dem breiten Schal schauen nur noch zwei Äuglein hervor. *»Hier, ich hab dir noch eine Windel zum Wechseln und etwas Babynahrung in den Buggy-Beutel gelegt. Der Kleine wird an der frischen Luft hoffentlich schnell einschlafen. Wenn du ihn eine Stunde ruhig halten könntest, wäre ich gerettet. Weißt du, meine Mutter ist ganz schön pingelig.*

Ach – und wenn du um fünf Uhr zurück bist, warten hier ein paar frisch gebackene Kekse mit Kakao auf dich – als Dankeschön, ja?« – *»Kein Problem, Miriam. Ich schlendere mit Ben vielleicht über den Weihnachtsmarkt. Das wird ihm gefallen, und ich hab einen schönen Zeitvertreib. Also, bis um fünf!«*

Wohlgemut verschwindet Hanna mit dem Kinderwagen in der Gerbergasse. Ja, das war eine prima Idee von Liesel Diesel, Hannas Mutter. So vergeht die Zeit wie im Flug.

Wenig später biegt Hanna auf den Marktplatz ein. Aber Ben erschrickt sich. Ein lautes »Tschingderassa« tönt aus vielen Musikboxen. Ein ohrenbetäubendes »Stille Nacht« vom Glühweinstand, ein schnulziges »Heidschibumbeidschi« vom Karussell und ein operettiges »Tochter Zion« vom Zimtwaffelstand. Tausend Lichterorgeln, eine schunkelnde Touristengruppe und laute Marktschreier jagen dem Kleinen richtig Angst ein. *»Ich gehe mit dir besser in eine ruhigere Gegend, was, kleiner Eskimo?«*, beruhigt Hanna den ängstlichen Ben.

»Komm, ich schiebe dich zum Christbaum am alten Stadttor. Das wird dir besser gefallen.« Die beiden lassen die engen Gässchen und die hektischen Marktleute hinter sich. Draußen in den Schrebergärten beruhigt sich Ben. Während die Babysitterin eine lange Allee entlangspaziert, schläft der Kleine langsam ein.

Da entdeckt Hanna ein offenes Gittertor. Daneben steht ein handgemaltes Pappschild:

24. DEZEMBER (HEILIGABEND) EINTRITT FREI!

»Hey, heute kommen wir hier umsonst rein. Na prima, das passt ja. Komm Ben, dann wollen wir mal ...«

Es ist halb sechs. Miriam schaut immer wieder nervös zur Küchenuhr. Der heiße Kakao für Hanna ist längst kalt geworden. »*Wo bleiben die nur? Ben hat doch bestimmt Hunger.*« Um sich abzulenken, saugt sie noch schnell das Treppenhaus.

Liesel, Hannas Mutter, ist ebenfalls in Sorge. Ob Hanna immer noch bei Miriam ist? Sie wollten doch um 18 Uhr mit Pitt und Etienne gemütlich Weihnachten feiern. Das kann Hanna doch unmöglich vergessen haben. Liesel greift zum Telefon und wählt Miriams Nummer. »*Hallo Miriam! Hier ist Liesel. Na, war Hanna dir eine Hilfe? – Kannst du sie bitte rasch nach Hause schicken? Wir wollen in einer Viertelstunde mit der Bescherung beginnen. – Was? Oh! Da stimmt aber was nicht ...*«

Wenig später sitzen die zwei besorgten Mütter in Miriams Küche. »*Sie wollte um fünf zurück sein!*« Miriam zittert, als sie Hannas Tasse austrinkt. »*Meine Hanna ist sonst sehr zuverlässig. Und sie konnte es kaum abwarten, dass es endlich sechs Uhr wird. Es muss etwas passiert sein*«, sagt Liesel voller Kummer. Draußen ist es längst dunkel geworden. »*Darf ich eben meinen Bruder Pitt anrufen? Der sitzt mit Etienne bei mir daheim und wartet sicher schon.*« – »*Aber gerne, Liesel!*«

Ein paar Minuten danach kommen Pitt mit einer Taschenlampe und Etienne mit seinem Vespa-Roller zu Miriam. Sie erschrecken, als sie den beiden blassen Frauen gegenüberstehen. »*Sie wollten nur eben auf den Weih-*

nachtsmarkt …« – *»Allez, dann suche isch eben als Erstes da!«*, schlägt Etienne vor und knattert mit dem Roller davon.

Pitt legt seine Arme sachte um die Schultern der beiden Mütter. Dann sagt er mit ruhiger Stimme: *»Ich möchte gerne für Ben und Hanna mit euch beiden beten. Gott hat den Überblick, auch wenn es dunkel ist. Seid ihr einverstanden?«*

Eine Stunde später weiß ganz Winkelstädt von den Vermissten. Erschrocken starrt manch eine feiernde Familie zur Tür. Die Polizei hat geschellt … *»Haben Sie ein Mädchen mit Kinderwagen gesehen?«*

Nachbarn helfen bei der Suche. Zum Feiern ist jetzt nur noch wenigen zumute. Fackeln werden angezündet. Die Feuerwehr stellt Strahler auf. Etienne leuchtet mit seinem Roller-Scheinwerfer in jeden Hinterhof. Nichts!

Auf dem menschenleeren Marktplatz bauen am späten Heiligabend die letzten Budenbesitzer ihre Stände ab. Ein Kerzenverkäufer erinnert sich: *»Ja, ein blondes Mädchen und ein Baby waren hier.«* Eine Frau sagt: *»Ich hab sie, glaube ich, am Stadttor gesehen – unter dem großen Christbaum!«* Polizeiautos kämmen jeden Winkel von Winkelstädt ab. Nichts!

Um Mitternacht sieht man Dutzende Freiwillige in einer Menschenkette den Stadtrand absuchen. Den Spielplatz, die Sportplätze, die Uferwiesen der Stolzach. Das Radio macht eine dringende Durchsage. Spürhunde werden eingesetzt. Nichts!

So einen schrecklichen 24. Dezember hat Winkelstädt noch nie erlebt. O du trauriges Winkelstädt. Es ist Weihnachtszeit. Weihnachtszeit? Ja, wirklich: Weinen, Nacht – und es bleibt nur wenig Zeit. Doch los, macht es wie die Hirten damals auf dem Feld bei Bethlehem, und ihr werdet das Kindlein finden ...

Am frühen Morgen des ersten Weihnachtstags schaut Dirk Schäfer noch vor dem Hellwerden nach den Tieren. Er ist Aufseher im Winkelstädter Wildgehege. Auch an Feiertagen muss sich jemand um das Vieh kümmern. Als er einen Heuballen ins Futterhäuschen werfen will, traut er seinen Augen kaum.

Ungläubig sinkt er auf seine Knie und sagt laut: »*Oh mein Gott! Wie wunderbar!*« In dem zugigen Verschlag liegen aneinandergekauert zwei Gestalten. Ein Mädchen und ein Baby – die Vermissten! Genau wie im Radio beschrieben – und genau wie in der Weihnachtsgeschichte. Sie haben im Wildgehege, im Futterhäuschen übernachtet. Ohne sie zu wecken, läuft Dirk zum nächsten Telefon.

Wie kamen sie dorthin? Hanna hatte nachmittags den offenen Tierpark betreten. Es war ja kostenlos! Sie wusste nicht, dass der Wildpark um fünf Uhr schließt. Und weil es Heiligabend war, machten die Tierpfleger sogar noch etwas früher Schluss! Die Leute wollten doch alle nach Hause – zur Familienfeier. Wer achtet da schon auf zwei kleine Besucher, die irgendwo zwischen den dunklen Gehegen umherspazieren?

Natürlich stand Hanna bald vor dem Eingangstor. Sie wollte Ben doch unbedingt pünktlich abliefern und dann zur Bescherung. Da! Eine schöne »Bescherung«: Das Tor war abgesperrt. Sie rüttelte, sie rief, sie schrie – und Ben schrie auch. Aber keiner hörte die beiden. Der Wildpark lag zu weit außerhalb. Was sollte Hanna tun? Sie wartete. Sie betete. Sie fütterte den Kleinen mit dem Gläschen aus dem Buggy und wickelte ihn in frische Windeln und legte ihn – na, rate mal, wohin? Ja, in eine Krippe, denn sie hatte sonst keine Wahl …

Der Heuschober im Ziegen-Gehege lag trocken und geschützt. Über das niedrige Geländer konnte sie Ben problemlos hinübertragen. Außerdem fiel der fahle Strahl einer entfernten Straßenlaterne bis hier. Verängstigt und zitternd, verloren und fröstelnd kauerte sich Hanna in das muffige Heu. Ob die Tiere gefährlich waren? Das schlummernde Kind drückte sie fest an sich. Ziegendreck und Spinnweben überall. Damit ihr der kleine Ben nicht aus dem Schoß rollen konnte, legte sie ihn behutsam neben sich in das Fressgatter – eine angenagte Futterkrippe.

Gespenstische Augenpaare tauchten die ganze Nacht vor ihr auf. Feuchte Nüstern bliesen warmen Nebel in ihr

Gesicht. Dann und wann zupften ein paar kräftige Lippen eine Handvoll Halme unter ihr weg. Hanna erschrak sich jedes Mal zu Tode. Das schmatzende Kauen der leise meckernden Tiere klang wie eine Beschwerde: *»Was habt ihr da in unserem Futter verloren?«* Hanna hätte nie gedacht, dass man sich so einsam fühlen kann – und dass Dezembernächte so unbarmherzig kalt sind – und dass Ziegen so furchtbar stinken.

Warum vermisste sie niemand? Warum suchte keiner nach ihnen? Was würde Bens Mama sagen? Und welche Sorgen würde sich ihre Mama machen? Erst in den frühen Morgenstunden sank Hanna in einen unruhigen Schlaf.

Da umleuchteten sie plötzlich grelle Scheinwerfer. Eine Heerschar von Helfern umlagerte die grob gezimmerte Futterhütte. *»Da liegen sie!«*, sagte Dirk Schäfer und zeigte den Einsatzkräften die Fundstelle. *»Ehre sei Gott in der Höhe!«*, murmelte Pitt.

O du fröhliches Winkelstädt. Jetzt wird es erst richtig Weihnachten! *»Ben ging verloren. Christ ist geboren. Freue, freue dich, o Christenheit!«*

Im hintersten Winkel, außerhalb der Stadt, bei Nacht und Kälte wurde Jesus Christus geboren. Schutzlos ausgeliefert kam Gottes Sohn zur Welt. Schäfer fanden ihn zuerst. Sie beugten ihre Knie vor dem großen Wunder Gottes.

Weil damals Jesus, der Sohn Gottes, als kleines Kind in der Krippe geboren wurde, muss keiner von uns verlorengehen. Weil er im Stall von Bethlehem das Licht der Welt erblickte, wird es über uns nicht dunkel bleiben. Denn »*das Volk, das im Finstern wandelt, hat ein großes Licht gesehen; die da wohnen im Land des Todesschattens, Licht hat über ihnen geleuchtet*« (Jesaja 9,1). »*Denn euch ist heute … ein Erretter geboren, welcher ist Christus, der Herr*« (Lukas 2,11)! Darum feiern wir Weihnachten. ❋

Beinahe ertrunken

Ein Bücher-Bus kommt an einem todlangweiligen Tag gerade recht: Denn gleich werden die Winkelstädter Kinder von einem Maharadscha lesen, von seinem kleinen Sohn Maraganda und einem Einfall, der einem Minister des Maharadschas seinen Posten rettet.

Schon wieder einer dieser nasskalten, nebligen Novembertage. Hu! Kaum einer geht heute freiwillig vor die Tür. Sogar das Müllrausbringen kostet Überwindung. Die Straßen sind wie ausgestorben. Was soll man auch da draußen? Bei so einem schmuddeligen Wetter jagt man keinen Hund vor die Tür.

Herabgefallenes Laub liegt wie ein nasser Teppich auf dem Gehweg. Die Bäume stehen verloren wie rostige Schneebesen in der Landschaft. Eine graue Trostlosigkeit hat den herrlich bunten Herbst entfärbt. Wenn es doch nur Winter würde!

Wer wird bei so einem Wetter nicht trübsinnig? Auch viele Winkelstädter Kinder sind lustlos und langweilen sich. Bis zu den Weihnachtsferien ist es noch sooo lange, und dann ist heute ausgerechnet Montag. Das bedeutet: Noch den Dienstag, den Mittwoch, den Donnerstag und den Freitag überstehen. Dann erst ist endlich wieder Wochenende. Was soll man bloß mit so einem trüben Montag anfangen …?

Lara drückt ihre Nase an der kalten Fensterscheibe platt. Sie hat auch keine Idee. Mit dem Finger malt sie eine Straße auf das Glas und hilft so einem kleinen Tropfen, auf dem mühsamen Weg Richtung Fensterbank zu rinnen. Ihr Atem beschlägt das Fenster – deshalb sieht sie nur verschwommen, wie da draußen ein großes Ungetüm langsam die Hauptstraße herunterkurvt.

»Hey, ich glaube, da kommt der Bücher-Bus!«, ruft Lara ihrer Zwillingsschwester Sophie zu. *»Komm, da laufen wir hin und leihen uns ein paar Bücher aus!«* Sofort ist alle Langeweile wie weggepustet. In Windeseile sind die beiden Mädchen in ihre Regenjacken geschlüpft und in die Stiefel gesprungen. *»Tschüss, Mama. Wir sind eben beim Bücher-Bus ...«*

»Aah, ist das nass hier draußen!« Geduckt überqueren die beiden den tristen Marktplatz. Der Bus ist hell erleuchtet. Was für eine Wohltat, aus dem vernieselten, nasskalten November-Nachmittag in diesen wohlig warmen Bus zu steigen. Es »duftet« nach Gummistiefeln und Papier.

In den Regalen des umgebauten Linienbusses drängen sich eine Handvoll Winkelstädter. Die meisten sind ältere Leute. Sie wappnen sich für lange Winternächte mit ein paar guten Büchern. Der Bus kommt nur alle vier Wochen. Da muss man zuschlagen. Lara und Sophie sind heute zum ersten Mal hier. Bisher fanden sie Bücher eher langweilig. *»Hallo ihr beiden!«*, grüßt sie jemand.

Es ist Hanna, die Tochter von Liesel Diesel. *»Hallo Hanna! Was machst du denn hier in der Schreibecke vom Lese-Bus?«* Lara und Sophie kennen Hanna ein wenig vom Gasthaus auf dem Schanzer Kopf. *»Ich helfe hier einmal im Monat freiwillig beim Bücherverleih.« – »Und? Hat der Bus heute schon eine lange Runde hinter sich?«*, fragt Lara neugierig.

»Ja. Der Bus startet immer in Stolzach am Schulzentrum, fährt dann über die Dörfer bis zum Marktplatz von Winkelstädt«, erklärt Hanna den beiden. *»Aber hier am Stadtbrunnen ist Endstation. Deshalb bin ich jetzt gleich fertig und laufe dann zurück nach Hause, zum Schanzer Kopf.«*

»Was hast du dir denn ausgesucht, Sophie?«, fragt Hanna, als die Zwillinge ihren Bücherstapel vor sie legen. *»Ich werde mir diese drei Comic-Hefte mitnehmen. KIM UND PUPPI Band 4, 5 und 7.« – »Und du, Lara? Was hast du da für ein altes Buch? Zeig mal her. Oh, das klingt aber interessant: MARAGANDA – DER SOHN DES MAHARADSCHAS. Eine Erzählung aus Indien.«*

Nachdem Hanna die Verleih-Karten für die Zwillinge ausgefüllt hat, gehen die beiden Mädchen Richtung Ausgang. Nun zieht auch Hanna ihre Jacke an und sagt: *»So, für heute ist Feierabend! Ich laufe jetzt nach Hause.«*

»Warum kommst du nicht noch ein bisschen mit zu uns?«, schlägt Sophie vor. *»Uns ist daheim nämlich schrecklich*

langweilig.« Beim zischenden Schließen der Bustür hören die Zwillinge nur ganz leise, wie Hanna zu sich selbst sagt: *»Warum eigentlich nicht?«*

Kurz darauf sitzen die drei Mädchen auf der Couch im Wohnzimmer bei den Zwillingen zu Hause und schälen Mandarinen.

Lara bettelt: *»Bitte, Hanna, lies mir etwas daraus vor. Das ist so gemütlich bei so einem Wetter ...«* – *»Na gut. Aber nur ein kurzes Kapitel, weil es so gut zu Mandarinen passt: Von Maraganda – dem Sohn des Maharadschas.«* Da legt auch Sophie ihr Comic-Heft aus der Hand ...

———— ◆ ————

Ein mächtiger indischer Maharadscha hatte einen Minister, der hieß Kamaraschi. Er war ein blitzgescheiter und beliebter Mann. Kamaraschi führte sein Amt sehr zuverlässig aus. Doch leider hatte er deshalb auch viele Neider. Besonders seit er Christ geworden war. Das gefiel auch dem Maharadscha nicht. Denn an seinem Hof waren alle Hindus. Er wollte Kamaraschi wegen seines Glaubens an Jesus Christus entlassen, obwohl er den Minister sehr schätzte.

Aber unbekümmert sprach Kamaraschi weiter von Gottes Liebe zu uns Menschen. Er konnte nicht davon schweigen, dass Gott in Jesus Christus auf diese Welt kam, um uns von Schuld und Tod zu erlösen.

Der Maharadscha ärgerte sich über diesen aus seiner Sicht »dummen« Glauben. Er konnte die Botschaft nicht verstehen. Er sagte: »*Wenn ich will, dass etwas geschehen soll, klatsche ich in die Hände – und meine Diener tun sofort, was ich befehle. Wie viel mehr ist das bei Gott so! Warum sollte der große Gott, der König aller Könige, selbst in die Welt kommen? Das ist doch lächerlich! Er könnte doch einen Engel senden.*«

Dann fügte er ernst hinzu: »*Kamaraschi, wenn du die Antwort auf diese Frage weißt, werde ich dich nicht entlassen. Also: Warum sollte Gott selbst in die Welt kommen, um uns zu retten? Das ist doch seiner unwürdig!*«

Daraufhin sagte der Minister: »*Geehrter Maharadscha, bitte geben Sie mir einen Tag Zeit, dann werde ich Ihnen gewiss antworten.*«

Nur ein Nicken mit geschlossenen Augen war die Antwort. Da verneigte sich der Minister vor dem Maharadscha und verließ den Palast. Er hatte nämlich eine sehr gewagte Idee. Eilig ging Kamaraschi zu einem Puppenschnitzer und bat ihn, dringend eine Figur zu schnitzen, die genauso aussah wie das Kind des Maharadschas.

In dieser Nacht nähte die Frau des Ministers Kleider, die so aussahen wie die Kleider von Maraganda, dem Sohn des Maharadschas. Auch Kamaraschi tat in dieser Nacht kein Auge zu. Er betete zu Gott um Weisheit und überlegte immer wieder seinen Plan ...

Am nächsten Morgen machte der Maharadscha seine allmorgendliche Bootsfahrt auf dem Ganges. Wie immer waren alle Minister zur Beratung mit an Bord der Barkasse. Auch Kamaraschi, der Minister, der Christ geworden war. Sollte das heute seine letzte Bootsfahrt sein?

Kamaraschi hatte seine Frau angewiesen, sich am Ufer des Flusses in der Nähe des Palastes im Schilf zu verstecken. Dort sollte sie abwarten, bis die fürstliche Barkasse vorüberkäme.

Als nun das Boot gemächlich den Ganges hinabschipperte, hörte man plötzlich ein lautes Platschen und Gurgeln. Erschrocken drehten alle ihre Köpfe zu der Uferstelle direkt beim Palast. Was war geschehen? Alle reckten ihre Hälse. Doch die würdigen Männer im Boot sahen nur noch, wie eine kleine Gestalt im Wasser versank.

Offenbar war ein kleines Kind in den Fluss gestürzt! Auch der Maharadscha sah den kleinen Körper fallen und untergehen. Ohne mit der Wimper zu zucken, warf er seinen Umhang ab und sprang über Bord. Mit hastigen Zügen schwamm er zu dem ertrinkenden Kind. Er war sich sicher: Das war sein zweijähriger Sohn Maraganda!

Aber was war das? Verblüfft stellte er fest, dass es nur eine täuschend echt aussehende Puppe war. Wer hatte den Maharadscha nur so hinters Licht geführt? Wer hatte ihn da so plump getäuscht?

Zunächst wurde der Maharadscha furchtbar zornig. Hatte er sich nicht vor allen seinen Ministern blamiert? Doch dann beugte sich Kamaraschi über den Bootsrand und sagte: *»Mein Maharadscha, warum sind Sie selbst ins Wasser gesprungen? Warum haben Sie nicht mich oder einen der Diener oder einen der Ruderer geschickt? Ein Wort Ihrer Majestät hätte doch genügt.«*

Da wich der Zorn aus dem Gesicht des Maharadschas. Er hatte Kamaraschis Frage, die eine Antwort war, verstanden. Er ließ die Puppe los, ließ sich zurück ins Boot ziehen und antwortete: *»Es ist das Herz eines Vaters, das so handeln muss.«*

Da nickte der weise Kamaraschi lächelnd und sagte: *»Ja, es ist das Herz eines Vaters, das so handeln muss. Und so hat auch Gott sich nicht damit zufriedengegeben, uns Menschen nur einen Engel oder einen Boten zu senden. In seiner unendlichen Liebe kam er selbst herab, um uns zu retten.*

Im Propheten Jesaja – in der Bibel, dem heiligen Buch der Christen – steht es geschrieben: ›Sagt zu denen, die zaghaften Herzens sind: ... fürchtet euch nicht! Siehe, euer Gott kommt ... Er selbst kommt und wird euch retten‹ (Jesaja 35,4).«

Da verstand der Maharadscha, warum Kamaraschi diesen Gott so liebte. Er entließ seinen Minister nicht. Kamaraschi diente seinem Herrn noch viele Jahre.

—— ◆ ——

Diese Geschichte hat der indische Prediger Sadhu Sundar Singh erzählt. Zeigt sie uns nicht wunderbar: *»Es ist das Herz eines Vaters, das so handeln muss«*? Die Bibel erklärt uns in 2. Korinther 5,19, *»dass Gott in Christus war, die Welt mit sich selbst versöhnend«*. In Jesus hat uns Gott besucht, gesucht und gerettet. Gott hat uns so lieb, dass er nicht im Himmel bleiben konnte.

—— ◆ ——

Bewegt klappt Hanna das Buch zu. *»Das ist eine wunderschöne Geschichte. Und irgendwie passt die auch prima zur Weihnachtszeit.«* – *»Ja, und der ›Maharadscha‹ und ›Maraganda‹ passten auch ganz wunderbar zu Mandarinen«*, hört man Sophie etwas undeutlich mit vollem Mund sagen. *»Danke, dass du uns das vorgelesen hast!«* ❄

Was Weihnachten wirklich war

Heiligabend steht vor der Tür. Und genau darum geht es auch in dieser Geschichte. Also, achte beim Lesen besonders auf die Tür. Denn an Weihnachten verlieren so viele das Allerwichtigste aus dem Blick.

»Etienne! Hey, Etienne!« Matze schreit so laut durch die Werkstatt, dass er sogar den Staubsauger übertönt, mit dem Etienne gerade das Doppeldecker-Cockpit aussaugt. *»Etienne, ich brauche dringend deine Hilfe. Kann ich mir deinen Hund ausleihen?«*

Mit gerunzelter Stirn schaut Etienne, der lustige Mechaniker, zwischen den Tragflächen des Doppeldeckers hervor: *»Waas? Du wollen Crêpe ausleiern? Warum das?«*

»Nicht ausleiern, nur ausleihen. Für einen Fototermin. Danach bring ich ihn dir unausgeleiert sofort wieder zurück.«

Hastig erklärt Matze dem erstaunten Franzosen, wozu er den Hund benötigt: *»Hast du denn nicht von unserem Schüler-Wettbewerb zu Weihnachten gehört? Alle Klassen machen mit. Unser Direktor hat der Siegerklasse einen brandneuen Computer versprochen. Wer die beste Krippe hat, gewinnt!«*

»Hää, die beste Grippe? Ist die Direktor von die Schule vielleischt ein bisschen plemplem?«, fragt Etienne verdutzt. »Will er haben alle Schüler möglichst krank?«

»Quatsch, Etienne. Nicht die Grippe mit Schnupfen und Fieber. Ich meine die Krippe mit ›K‹ – mit Heu und Stroh. Gibt es das denn nicht bei euch in Frankreich?«

Jetzt begreift Etienne. »Ach, du meinen eine crèche de Noël – eine Weihnachten-Krippe – korrekt? – Aber warum du da wollen meine Hund? Wäre nicht eine Schäferhund passender?«

»Ach was. Wir dachten, mit seinem flauschigen, hellen Fell sieht er doch so ein bisschen aus wie ein Schaf – aber kann ich dir den Rest später erklären? Wir müssen uns nämlich sehr beeilen. In einer halben Stunde ist Abgabetermin.«

Kaum hat Etienne genickt, bückt sich Matze nach dem kleinen flauschigen Crêpe, schnappt ihn sich und saust davon. Da kommt Pitt um die Ecke und lacht. »Na, Etienne. Jetzt machen die aus deinem Hund ein Schäfchen ... Da bin ich ja mal gespannt. Crêpe als Hauptdarsteller bei einem Krippenspiel.«

Schon kommt Matze über den Schulhof geflitzt. Den ängstlichen Crêpe hat er in seinem Rucksack verstaut. Die Klassenkameraden erwarten ihn ungeduldig. Sie haben in der Klasse schon alles aufgebaut. Eine Krippe mit viel zu viel Heu darin, eine verstaubte Stall-Laterne, die auf einem Melkschemel steht, eine Mistgabel, die an der Wand lehnt. Ein paar Klassenkameraden spielen Maria, Joseph und die Hirten.

Tatsächlich, sehr gelungen. Es sieht alles ganz perfekt nach Bethlehem aus. »*Gleich kann unser Direx mit Recht sagen: ›In der 6a sieht's ja wieder aus wie in einem Schweinestall‹*«, lacht Kevin. »*Wenn jetzt nur noch Crêpe mitspielt ...*« – »*Ach, der ist lammfromm*«, meint Matze und legt ihn neben den Melkschemel.

Endlich kann Patrick seine neue 10-Megapixel-Autofokus-Digitalkamera zücken. »*Achtung, Aufnahme! Mit meiner vollautomatischen Knipse ist das ein Kinderspiel.*« Doch dann hat Birte noch eine Idee.

»*Stopp! Da fehlt noch was. Wie wäre es, wenn wir die Tür vom Hasenstall aushängen und vor die ganze Szene stellen? Die hat doch so ein kleines Gitterfenster oben drin, durch das man durchgucken kann.*«

»*O ja. Eine super Idee. Das wäre ein passender Rahmen. Aber Beeilung!*« Sofort rennen zwei Jungs raus zum Schulgarten, wo ein paar Hasen ihr langweiliges Leben fristen. In Windeseile haben sie die Tür ausgehängt und durchs Treppenhaus zur 6a geschleppt.

Matze versucht derweil, Crêpe ruhig zu halten, Tobi und Birte versuchen das Gleiche mit der sperrigen Tür und

Lisa mit dem Stuhl, auf den sich Patrick stellt, damit er durch den rostigen Maschendraht im Gitterfenster der Hasenstalltür sehen kann.

»Perfekt! Das wird klasse! Sieht total echt aus! Als ob man in einen Stall reinguckt! Auf so eine coole Idee kam bestimmt keine andere Klasse.« Patrick knipst drei, vier Bilder. Dann schaut er auf die Uhr. *»Wow. Nur noch drei Minuten bis zum Abgabeschluss. Los, Matze, hier ist die Speicherkarte. Renn du zum Lehrerzimmer. Du bist der Schnellste.«*

Kaum hat Matze den Klassenraum verlassen, springt Crêpe auf und will seinem Freund hinterher. Birte dreht sich erschrocken nach ihm um und verliert dabei das Gleichgewicht. Sie lässt die Stalltür los. Die fällt krachend auf die Weihnachtskrippe und fegt die Laterne vom Hocker. Glas splittert und Heu wirbelt auf. Das war knapp. Zum Glück wurde keiner verletzt.

»Jetzt sieht unser Motiv eher nach einem Sperrmüllhaufen als nach einem Weihnachtsstall aus«, meint Konstantin. *»Nur gut, dass wir die Bilder gerade fertig hatten!«*, sagt Patrick. *»Und dass die Stalllaterne nicht angezündet war«*, seufzt Birte. *»Und dass Crêpe nicht unter der Krippe saß. Sonst wäre der jetzt so flach wie ein französischer Pfannkuchen.«*

Wenig später stapfen Matze, Birte und Tobi zum Schanzer Kopf. Sie wollen gemeinsam den kleinen Hund zurückbringen. »*Na, ihr Fotografe! Haben euer Klasse mit Crêpe gewonnen die Computer?*«, erkundigt sich Etienne, als die drei zur Werkstatt hereintrotten.

»*Pah! Dumm gelaufen*«, sagt Matze. »*An Crêpe lag es aber nicht*«, ergänzt Tobi. »*Eigentlich nur an mir!*«, fügt Birte zerknirscht hinzu.

»*Ach was! Das war Patricks Fehler. Du kannst doch nichts dafür, Birte.*« – »*Aber ich hatte die Idee mit der doofen Tür!*«, wirft Birte sich vor.

Da kommt auch Pitt herein und fragt die frustrierten Schüler: »*Na, was ist mit euch los? Warum seht ihr alle so traurig aus?*« – Mit hängendem Kopf kickt Tobi eine herumliegende Schraube in die hinterste Ecke der Werkstatt und brummelt nur: »*Ach, alles total umsonst.*«

Da ergreift Etienne das Wort: »*Isch verste-e über-aupt nix. Matze, du wolltest misch erklären später alles. Jetzt ist später. Allez, was passieren in die Schule?*«

Während Etienne seinen süßen Hund auf den Arm nimmt und mit seinen öligen Fingern das Fell krault, beginnt Matze mit der Geschichte.

Mürrisch erklärt er: »*Ach, alles ist schiefgegangen. Ich kam ins Lehrerzimmer und gab die Speicherkarte mit den Fotos der 6a ab. Unser Direktor zog sie auf seinen Laptop und sagte: ›Das war aber knapp. Die anderen*

haben alle schon abgegeben.‹ Als ich dann auf den Bild-
schirm sehe, traue ich meinen Augen kaum.

Die Bilder sind alle nix geworden – total unscharf. Man
sah nur die alte Hasenstalltür scharf. Der rostige Ma-
schendraht war perfekt drauf. Den ganzen Rest, den wir
so mühevoll aufgebaut hatten, konnte man nur erahnen.
Crêpe war überhaupt nicht zu sehen. Stattdessen Birtes
Patschhändchen. Patrick hat die Kamera nicht hoch ge-
nug gehalten.«

»Ja, und dann sind wir auch gar nicht mehr in die Aula
zur Preisverleihung gegangen. Wir mussten ja noch den
Hund zurückbringen. Irgendeine andere Klasse hat
jetzt den Preis abgeräumt«, fügt Tobi seufzend hinzu.
»Blödes Ende vor den Weihnachtsferien. Das Thema
des Fotowettbewerbs lautete: ›WAS WEIHNACHTEN
WIRKLICH WAR!‹«

Da hört man plötzlich das Telefon in der Werkstatt klin-
geln. Pitt geht dran. Dann schaut er stirnrunzelnd zu
den dreien herüber. Sie hören nur, wie er freundlich antwortet: *»Ja – ja. Die sind hier. – Ja, gut. – Ich bringe sie*
sofort. – Aber natürlich. Tut mir sehr leid. Sie wussten
wohl nicht, dass es sich um eine offizielle Schulveranstal-
tung handelt. O ja, ich verstehe – entschuldigen Sie bitte.
Auf Wiederhören, Herr Direktor!«

»Kommt. Wir müssen sofort zur Aula. Man hat euch be-
reits vermisst. Es ist wohl etwas mit der Hasenstalltür …«

Rasch klettern die drei Schüler auf die Rückbank des VW-Käfers. Etienne mit Crêpe auf dem Schoß sitzt vorne auf dem Beifahrersitz und Pitt am Steuer.

Auf der Fahrt überlegen sich die drei Schulschwänzer fieberhaft, was wohl vorgefallen ist: »*Bestimmt sind die Schul-Hasen ausgebüxt*«, meint Tobi. »*Das gibt Ärger. Und das so kurz vor Weihnachten!*« – »*Vielleicht haben wir mit der Tür Schrammen ins Treppenhaus gemacht?*«, vermutet Matze.

»*Ich bin schuld!*«, stöhnt Birte. »*Das ist alles meine Schuld. Wie kommen wir nur aus dem ganzen Schlamassel? Wenn das meine Mama hört!*« – Verzweifelt fragt sie Pitt: »*Was soll ich nur machen? Ich habe alles verdorben.*« – »*Komm, Birte. Wir können zusammen beten. Gott hört uns und hilft!*« – »*Aber halt dabei die Augen auf!*«, bittet Etienne ihn dringend vom Beifahrersitz.

»*Lieber Vater im Himmel*«, betet Pitt, während er den Käfer steuert. »*Du weißt, wie den dreien zumute ist. Du weißt, dass sie keine bösen Absichten hatten. Bitte mach du alles gut, damit wir alle fröhlich Weihnachten feiern können. Im Namen Jesu, Amen.*«

Da erreicht der Käfer den Schulparkplatz. »*Kommt ihr bitte mit? Wir haben Angst*«, fragt Birte die beiden Männer auf den Vordersitzen. Pitt und Etienne nicken und steigen aus. Als die fünf zaghaft die Aula betreten, steht die 6a auf der Bühne. Aus dem Lautsprecher ertönt eine Stimme. »*Da seid ihr ja! Kommt sofort nach vorne! Stimmt es, dass ihr die Idee mit der Stalltür hattet?*«

Birte zuckt zusammen. Sie war es doch. Sie hatte den Einfall, die Tür auszuhängen. Sie allein. Nun steht sie verloren vor der ganzen Schule. Der Direktor packt sie am Arm und zerrt sie auf die Bühne.

»*Herzlichen Glückwunsch zum gewonnen Klassen-Computer. Euer Foto war mit Abstand das treffendste.*« Auf der großen Leinwand sieht man ein Foto der 6a. Es ist fast nichts außer der Tür zu erkennen. »*Wir möchten jetzt erklären, warum wir dieses Bild gewählt haben: WAS WEIHNACHTEN WIRKLICH WAR! Es geht an Weihnachten nicht um Krippe, Heu und Stroh. Es geht nicht um Hirten und Heilige. Es geht um eine Tür.*

Gott hat die Tür zu uns aufgemacht. In Jesus hat er uns besucht. Er hat sich aus dem Himmel in unsere kleine Welt gezwängt. Alles andere ist nur nebensächlich. Viele beachten nur das Drumherum. Die Geschenke, das Krippenspiel, Maria und Joseph. Auf den anderen Fotos waren drei ›Heilige Könige‹, Engel und Esel, Schafe und Hirten.

Aber auf dem Preisträger-Foto ist das alles nur ganz nebensächlich. Fast nicht zu erkennen. Seht ihr? Oder könnt ihr etwas erkennen? Das Einzige, was man ganz scharf sieht, ist diese Tür und diese Hand da, die sie öffnet.«

Da zupft jemand an Pitts Ärmel: »*Das ist meine Hand!*«, murmelt Birte mit Tränen der Erleichterung in den Augen. – »*Nein, das soll Gottes Hand sein!*«, erwidert Pitt. »*Er hat die Tür zu uns aufgemacht. Er kam zu Besuch. Gott wurde Mensch, um unseren Schlamassel wiedergutzumachen, um all unsere Schuld auf sich zu nehmen.*«

Ja. So wurde die 6a dann doch noch zum Sieger. – Und du? Weißt du, was Weihnachten wirklich war? Was steht bei eurem Fest im Vordergrund? Denk mal darüber nach: Weihnachten ist die Tür, durch die sich Gott in unsere Welt gezwängt hat. Jesus Christus sagt:

»*Siehe, ich stehe an der Tür und klopfe an; wenn jemand meine Stimme hört und die Tür öffnet, zu dem werde ich hineingehen und ... mit ihm essen, und er mit mir*« (Offenbarung 3,20).

Bitte achte in all dem Weihnachtsrummel auf diese Stimme! Damals hatte keiner Platz für Jesus. Es gab keinen Raum in der Herberge. Leider ist es heute noch ganz ähnlich. Aber du kannst ihm die Tür öffnen. Bitte Jesus, dass er in dein Herz kommt. Gott schenke dir ein frohes Fest! ❈

Ja, ein Kind ist uns gebor'n –
Gott beginnt mit uns von vorn.
Ja, ein Sohn ist uns geschenkt,
in die Krippe eingezwängt.

Unser Dunkel machst du hell,
kommst uns nah, Immanuel.
Kleines Kind mit Todesmut,
auf dem alle Herrschaft ruht.

Wunderbarer, starker Gott,
welch ein Gnaden-Angebot.
Ewig-Vater – Friede-Fürst,
der du uns besuchst, berührst.

Zartes Kind und Zimmermann,
Zentrum in des Vaters Plan.
Unergründlich tiefer Rat:
Gott als Mensch geoffenbart.

Die kleine Tür

Auf der Treppe zum Gasthof »Schanzer Hütte« liegen jede Menge Glassplitter. Dazwischen sogar Blut! Ja, frische Blutspuren führen die Treppe hinauf. Als Liesel Diesel das sieht, bekommt sie einen großen Schrecken. Was ist bloß passiert? Woher kommt das ganze Blut?

Es ist Adventszeit. Liesel war gerade mit ihrem VW-Käfer in Winkelstädt. Sie hatte nur ein paar Einkäufe zu erledigen: Waschmittel und frisches Obst. Mit zwei Plastiktüten in der Hand geht sie an Etiennes Werkstatt vorbei auf ihre Haustürtreppe zu. Da reißt sie plötzlich entsetzt die Augen auf und ruft:

»*Ach du lieber Schreck! Blut – überall Blut! Was ist denn hier passiert?*« Besorgt steigt Liesel über die herumliegenden Glassplitter die neun Stufen zu ihrer Wohnung hinauf. »*Wieso liegen hier die ganzen Scherben? Und wer hat sich wohl daran verletzt?*«, denkt sie. »*Oh – und was ist das? Da liegt auch noch ein gebogener Draht!*«

Liesel ist völlig verunsichert. Ob sie lieber Hilfe holen soll? Als sie dann noch die offene Haustür sieht, wird ihr noch mulmiger zumute. Warum steht die Haustür sperrangelweit offen? Und das im Winter ...!?

Was ist passiert? Ein Verbrechen? Sie war doch nur eine halbe Stunde weg. Vorsichtig schaut sie in den dunklen

Flur. Doch da ist niemand. Nur weitere Blutspritzer, die in Richtung Küche führen. Liesel geht vorsichtig weiter. Plötzlich – eine Gestalt. Liesel erkennt sie durch das milchige Glas der Küchentür. Duckt sich da nicht ein Mann hinter ihren Küchentisch? Liesel bekommt richtig Angst.

Vorsichtig stellt sie ihre Plastiktüten ab und schleicht langsam zum Telefon, das auf der Kommode im Flur steht. Sie muss sofort die Polizei rufen. Zitternd wählt sie die Nummer 110 und duckt sich rasch neben den Schrank. Ein Blick zur Küchentür, und Liesel erkennt, wie sich die Gestalt ein Küchentuch um den Kopf schlingt. Dann flüstert sie in den Hörer:

»Ha...aa...llo! Ist da die... die Polizei? Hier Liesel Diesel. Oh, kommen sie bitte ganz, ganz schnell nach Winkelstädt zum Schanzer Kopf. Hier ist alles voller Blut, und ein Fremder ist in meiner Küche. Er hat mit einem Draht mein Haustürschloss geknackt und maskiert sich gerade mit meinem Küchentuch.«

Erst als sie den Hörer auflegt, ahnt sie, dass sie vielleicht einen Fehler gemacht hat. Was, wenn der Kerl da drinnen ... *»Pitt?«*

»Pitt! Du bist es!« Ungläubig starrt Liesel ihren Bruder an. *»Ich dachte, du wärst ein Einbrecher!«* Zugleich erleichtert und entsetzt eilt Liesel zu ihrem Bruder. Der torkelt blutüberströmt zur Eckbank. – *»Was ist passiert? Dein Mantelkragen ist ja voller Blutflecken ...!«*

»*Ich habe mir nur heftig den Kopf gestoßen. Entschuldige bitte die Blutspuren im ganzen Haus, Schwesterherz. Tut mir echt leid. Sieht ja fast aus wie auf dem Schlachthof.*«

Liesel setzt sich neben Pitt auf die Bank und atmet erst mal tief durch. Nun nimmt Pitt zum Beweis das Küchentuch ab. »*Oh Mann – tatsächlich! Das muss aber dringend genäht werden!*«, meint Liesel. »*Immerhin ist die Blutung nicht mehr so stark. Aber eine ordentliche Platzwunde klafft mitten auf deiner Stirn. Doch Kopfwunden sehen meist schlimmer aus als sie sind.*«

Nachdem Liesel ihren Bruder verbunden und versorgt hat, legt sich Pitt aufs Sofa im Wohnzimmer. Er ist ganz schön angeschlagen. »*Und ich dachte*«, sagt Liesel, »*dass sich da ein Einbrecher vermummt oder noch schlimmer – ein Verbrecher. Und da hab ich gleich die Polizei …*«

»*Waaas? Du hast die Polizei gerufen?*«, fällt Pitt ihr ins Wort. »*Du hättest besser einen Krankenwagen bestellt. Liesel, du solltest schleunigst noch mal bei der Polizei anrufen und deinen Irrtum erklären.*« Aber da hören die beiden schon die Polizeisirene …

Zwei Polizisten springen aus dem Auto und stürmen mit gezogener Pistole auf Liesels Gastwirtschaft zu. Als sie Blut und Scherben auf der Treppe sehen, rufen sie: »*Achtung! Hier spricht die Polizei! Frau Diesel? Sind Sie da? Geht es Ihnen gut?*«

Mit erhobenen Händen kommt Liesel aus der Haustür: »*Ja, jetzt wieder!*« Etwas kleinlaut fügt sie hinzu: »*Es war aber Fehlalarm!*« – Schnell klärt Liesel alles auf und bittet die Beamten um Entschuldigung.

Zum Glück sind die beiden Polizisten nicht allein gekommen. Die Einsatzkräfte der Polizei hatten wegen Liesels Notruf auch gleich noch einen Rettungswagen angefordert. »*Mannomann, hier ist ja tatsächlich alles voller Blut!*«, sagt einer der Polizisten. »*Jo, hier sieht's wirklich aus wie an einem grässlichen Tatort!*«, sagt einer der Sanitäter. Dann müssen alle lachen wegen dieser Verwechslungsgeschichte.

Pitt steigt in den Krankenwagen und wird ins Stolzacher Krankenhaus gebracht. Seine Schwester begleitet ihn. »*Aber Pitt, eins musst du mir noch erklären: Wieso lagen da überall Glassplitter und Draht herum? Da hat doch jemand versucht, das Türschloss zu knacken.*«

»*Nein – es war ganz anders. Ich wollte ein paar leere Einmachgläser und Drahtbügel in den Keller bringen. Ich trug vier oder fünf auf dem Arm und achtete nur noch auf die Gläser und nicht mehr auf die niedrige Kellertür. Da habe ich mir so was von heftig den Kopf gestoßen, dass ich fast besinnungslos geworden wäre.*

Trotzdem habe ich die Gläser wie rohe Eier festgehalten. Komisch, oder? Ich wollte sofort hoch in die Wohnung, um meinen Kopf im Spiegel zu betrachten. Aber da tropfte mir schon das Blut in die Augen. Ich sah ja nur noch rot. Tja, und da bin ich dann auf der Treppe gestolpert und die Einmachgläser und die Drahtbügel purzelten die Stufen runter. Das klirrte und schepperte vielleicht!«

Am Tag danach kommen Thomas und Alexander vorbei, um Pitt zu besuchen. Ihr Vater hatte ihnen von dem Einsatz der Polizei und von dem Unfall an der Kellertür erzählt. Nun wollen sie Pitt mal gerne in seinem neuen weißen Turban sehen. *»Du siehst ja aus wie ein Ölscheich. Hihi, erzähl uns mal, wie das war, als Liesel mit erhobenen Händen aus ihrer Wohnung kam!«*

Mit schallendem Lachen erzählt Pitt von dem Fehlalarm. Liesel ist das so peinlich, dass sie rot im Gesicht wird. *»Wisst ihr, an was mich mein Unfall erinnert?«*, fragt Pitt. *»An Bethlehem!«*

»Hä, was, an Bethlehem?«, fragen die beiden Nachbarjungs. *»Ja, an die uralte Geburtskirche mitten in Bethlehem. Sie wurde an der Stelle gebaut, an der vor über 2000 Jahren die Krippe von Jesus gestanden haben soll. Noch heute pilgern viele Christen dorthin, um den Geburtsort von Jesus Christus zu besuchen.«*

»Und da gibt es auch eine Kellertreppe mit Glassplittern?«, fragt Thomas ungläubig. *»Nein, aber diese riesige alte Kirche kann man nur durch eine sehr, sehr niedrige Tür betreten. Außerdem hat sie eine hohe Schwelle. Sie gleicht eher einem Fenster als einer Tür – nur 1,20 Meter*

hoch, also nicht mal Kindergröße! Früher hatte die Ge-
burtskirche einen breiten Eingang. Aber jetzt ist sie kaum
größer als eine aufgeschlagene Zeitung.« – »Wieso hat
man die große Kirchenpforte so verkleinert und fast zu-
gemauert?«, fragt Alexander.

»Weil immer wieder Leute mit Pferden und Kamelen in
die Kirche hineinreiten wollten«, erklärt Pitt. *»Ebenso*
betraten Männer mit Schwertern und Speeren die Kirche.
Da hatte man im 16. Jahrhundert die Idee, das Tor bis
auf eine kleine Pforte zuzumauern. Seitdem kann man
die Geburtskirche nur in gebückter Haltung betreten.«

Der niedrige Eingang zur Gebutskirche wird daher auch
die »Demuts-Pforte« genannt. Jeder muss sich tief beugen und alle großen Gegenstände ablegen. Man muss
sich ganz klein machen und sich durchzwängen. Von dieser Tür in Bethlehem können wir zwei Sachen lernen:

Zum einen, dass Jesus Christus sich ganz, ganz klein machen musste, um in unsere Welt zu kommen. Er, der Sohn
des Höchsten, der Herr des Himmels, wurde ein winziges
Baby. Er, der Größte und Herrlichste, zwängte sich so-
zusagen in die enge Krippe von Bethlehem.

Er machte sich ganz, ganz klein, um uns Menschen zu
besuchen. Er kam vom Himmel herab und wurde ein
Kind, ja, ein Mensch wie wir. Dieses Wunder bestaunen
wir jedes Jahr an Weihnachten. Aber die winzige Kirchenpforte zeigt uns noch etwas:

Genauso, wie man sich dort in Bethlehem klein machen muss, um in die Kirche hineinzukommen, müssen wir uns klein machen, um zu Jesus Christus zu kommen. Viele sind wie vor den Kopf gestoßen und sagen: *»Gott wird Mensch? Das gibt's doch gar nicht!«* – *»Jesus kam vom Himmel? Das glaubst du doch selbst nicht!«* Das glauben heute viele Menschen nicht.

Tja, da muss man sich etwas beugen und wie ein Kind werden, um »durchzusteigen«. Das bedeutet, dass wir Jesus Christus glauben und vertrauen müssen wie ein Kind.

An der engen Pforte von Bethlehem muss sich jeder klein machen. Man muss sich bücken und klein werden vor dem Herrn Jesus. Wer hochmütig und selbstsicher daherkommt, wird nicht hineinkommen! Und derjenige wird es auch schwer haben, im Leben zurechtzukommen. Wir alle haben Jesus Christus nötig.

Genauso, wie man sich beim Hereinkommen dort in Bethlehem klein machen muss, müssen wir uns klein machen, um zu Jesus Christus zu kommen.

Die Geburt von Jesus ist ein besonderes Fest für Kinder, oder!? Freust du dich auch auf Weihnachten? Uns Großen geht es auch so: Wir erinnern uns dann gerne daran, dass wir selbst einmal Kinder waren, und freuen uns mit. Aber ganz besonders sollten wir uns daran erinnern, dass JESUS CHRISTUS auch einmal Kind war – also, dass er für uns in diese Welt kam. Er hat für uns gelebt und ist für uns gestorben. Damit bezahlte er den Preis für unsere Schuld, also unsere Fehler vor Gott.

»Ihr alle müsst wie die Kinder werden«, das hat Jesus zu Erwachsenen gesagt! An unserer niedrigen Kellertür will ich mich jetzt immer an Weihnachten erinnern: Jesus hat sich als Kind in der Krippe und als Mann am Kreuz erniedrigt, um uns zu retten und zu beschenken.

Nur wer zu Jesus Christus kommt und vor ihm klein wird, bekommt das neue Leben als Geschenk. Es ist wichtig, zu verstehen und sich einzugestehen, dass wir Hilfe und Vergebung nötig haben.

Dann greift Pitt nach seiner Bibel und liest den beiden Jungs noch eine Stelle aus dem Matthäus-Evangelium vor. *»Vielleicht könnt ihr nach meiner Unfall-Geschichte das hier viel besser verstehen:*

›In jener Stunde traten die Jünger zu Jesus und sprachen: Wer ist denn der Größte im Reich der Himmel? Und als er ein Kind herzugerufen hatte, stellte er es in ihre Mitte und sprach: Wahrlich, ich sage euch, wenn ihr nicht umkehrt und werdet wie die Kinder, so werdet ihr nicht in das Reich der Himmel eingehen. Darum, wer irgend sich selbst erniedrigen wird wie dieses Kind, der ist der Größte im Reich der Himmel‹ (Matthäus 18,1-4).« ❄

Dorie und Nemo

Dieses Jahr geht für Anton und Erna ein lang gehegter Wunsch in Erfüllung. Sie dürfen sich ein Salzwasser-Aquarium anschaffen. Endlich *Dorie* und *Nemo* im eigenen Kinderzimmer statt auf DVD!

Eine Woche vor Weihnachten geht's mit Papa zur Tierhandlung. Gleich werden sie hier mit einem riesengroßen Paket rausspazieren. Sie platzen vor Vorfreude. Aber der Verkäufer hält dem Vater erst einen langen Vortrag:

»Ihre Kinder wollen wirklich in die Aquaristik einsteigen?«, fragt der Winkelstädter Fachmann. *»Sind Sie sich darüber im Klaren, dass ein Salzwasser-Aquarium einiges an Sachverstand benötigt und intensive Pflege braucht? Trauen Sie das Ihren Kindern zu? Es wird auch nicht ganz billig. Ein Salzwasser-Aquarium muss technisch unbedingt richtig ausgestattet sein.«*

Anton und Erna werfen sich bekümmerte Blicke zu, aber ihr Papa antwortet: *»Wir haben uns das schon gut überlegt. Es gibt doch für Neueinsteiger etwas einfachere Ausstattungen, oder? Außerdem werde ich mich mit darum kümmern. Meine Kinder werden aber tatkräftig mithelfen.«*

Eine halbe Stunde später liegt das ganze Zubehör an der Kasse: ein 250 Liter-Becken komplett mit Beleuchtung,

Heizer, Innen- und Außenfilter, Eiweiß-Abschäumer, Unterwasserpflanzen, Fischfutter – das volle Programm. Alles, was man für ein Meerwasser-Aquarium benötigt. *»Jetzt fehlen uns nur noch die Fische!«*, sagt Anton. *»Und das Wasser!«*, bemerkt Erna grinsend.

»Los, jetzt dürft ihr euch eure neuen Zimmer-Mitbewohner aussuchen! Sagen wir, jeder von euch darf sich drei hübsche Fische wählen. Die holen wir aber erst dann ab, wenn die Wasserumwälzung im Becken stabil läuft.«

Anton wünscht sich drei Zitronensegelflosser und Erna die Sechsstreifen-Lippfische. Der blaue *Dorie*-Doktorfisch und der orangene *Nemo*-Clownfisch waren natürlich ausverkauft ...

»Die kriegen wir erst im neuen Jahr wieder rein«, meint der Verkäufer. – *»Na, dann könnt ihr euch die ja zum Geburtstag wünschen«*, beeilt sich Papa beschwichtigend.

Zu Hause wartet nun einiges an Arbeit. Aber Papa nimmt sich den ganzen Tag Zeit, um das Aquarium aufzustellen und einzurichten.

Jetzt allmählich begreifen Anton und Erna, wie kompliziert so ein Salzwasser-Aquarium ist. Die Fische benötigen exakt 3,5 % Salzgehalt, um leben zu können. Und das Wasser darf nur zwischen 24 und 28 Grad Wassertemperatur haben. Außerdem muss es ständig durch einen Glasfaser- und Kohle-Filter gepumpt werden.

Erst am 23. Dezember können sie die Fische abholen …
immerhin noch pünktlich zum Fest. Aber zwei Tage nach
Weihnachten schreibt Erna in ihr Tagebuch:

»Ich bin so traurig. Jeden Morgen schaue ich nach
unseren Fischen. Ich schalte ihnen das ultraviolette
Licht an und füttere sie. Papa macht häufig Tests, ob
die Wasserwerte noch stimmen. Er gibt ihnen spezi-
elle Vitamine und Mineralien, damit die Unterwas-
serwelt am Leben bleiben kann. Wir machen uns so
viel Arbeit. Aber es ist so frustrierend: Die Fische
kriege ich fast nie zu Gesicht. Sobald mein Schatten
auf das Wasser fällt, tauchen sie panisch ab, um sich
hinter Steinen und Pflanzen zu verstecken. Bei Papa
und Anton ist es das Gleiche. Sie zeigen uns gegen-
über nur ein einziges Gefühl: Angst! Warum ist das
nur so? Ob sie irgendwann zutraulich werden?«

In der ersten Januarwoche läuft Erna noch mal zu dem
Aquaristikshop. Ob *Dorie* und *Nemo* jetzt zu kriegen
sind? Erna wagt es kaum zu hoffen. In der Tür der Tierhandlung begegnet ihr Pitt. Unter seinem Arm klemmt
ein neues Hundekissen für Crêpe. »*Tach, Erna. Was
machst du denn hier?*«, will Pitt wissen. Sofort erzählt
Erna ihm von ihrer Enttäuschung mit den Fischen:

»*Hoffentlich sind hier neue Doktor- und Clownfische an-
geliefert worden. Die waren nämlich vor Weihnachten alle*

ausverkauft. Und hoffentlich sind die nicht so schreckhaft wie unsere Fische, die wir gekriegt haben«, sagt Erna und verschwindet in dem Tiergeschäft.

Aber schon nach einer Minute kommt sie wieder heraus. Sie sieht sehr niedergeschlagen aus. Pitt verstaut gerade das sperrige Hundekissen auf dem Rücksitz des VW-Käfers. *»Und, Erna? Immer noch nicht da?«*

»Nö. Nix zu machen. Erst in ein paar Wochen. Aber ich darf mir Dorie und Nemo zum Geburtstag wünschen, Ende März. Unsere anderen Fische sind nämlich überhaupt nicht zutraulich. Obwohl ich die Abdeckung dreimal am Tag anhebe, um die Fische zu füttern, reagieren sie immer so, als wollte ich sie quälen. Warum kann ich sie einfach nicht von meiner Fürsorge überzeugen?«

Pitt nickt und erklärt: *»Ja, Erna. Alle deine Hantierungen bleiben für sie unverständlich. Deine guten Absichten betrachten sie als schrecklichen Eingriff. Für deine Fische bist du nur ein ›höheres Wesen‹. Du bist für sie zu groß – Entschuldigung – das unbekannte Ungeheuer, vor dem sie erschrecken. Alle deine Versuche, ihnen etwas Gutes zu tun, sind für sie nur eine Bedrohung. Du müsstest es so machen, wie Gott es an Weihnachten gemacht hat.«*

»Bitte?« Erna kräuselt die Stirn. *»Weißt du, zwischen Gott und uns Menschen ist es ähnlich wie zwischen dir und deinen Fischen.«* Erna versteht nicht, worauf Pitt hinauswill. *»Was meinst du damit?«*

»Erna, um für deine Fische begreiflich zu werden, müsstest du eine andere Gestalt annehmen. Du müsstest einer von ihnen werden. Du müsstest zum Fisch werden!«

Genau das tat Gott in Jesus Christus. Er kletterte zwar nicht in ein »Aquarium«, aber er ließ sich in eine Futterkrippe zwängen. Und das ist es, was wir an Weihnachten feiern: Gott machte sich klein. Er wurde so wie wir. Wenn ein Mensch zu einem Fisch würde, wäre das nichts im Vergleich zu Gott, der ein hilfloses Kind wurde.

Er selbst ist in die Welt gekommen. Klein, verletzlich, menschlich. Er kam uns ganz nah – zum Anfassen. Am Ende der Bibel heißt es:

»Was von Anfang an war, was wir gehört, was wir mit unseren Augen gesehen, was wir angeschaut und unsere Hände betastet haben ... das [ist der, der] bei dem Vater war und uns offenbart worden ist« (1. Johannes 1,1-2).

Vor einem Baby hat keiner Angst – im Gegenteil. Ein hilfloser Säugling ist anziehend, lässt uns gerne näher kommen, berührt uns.

Und deshalb war das Gottes Rettungsplan für uns Menschen: Er musste als Menschensohn kommen. Er nahm unsere Art an, damit wir Zutrauen fassen. Er lernte unsere Sprache, damit wir IHN verstehen lernen. Wenn wir Gott nun noch immer nicht verstehen, liegt das Problem eindeutig auf unserer Seite.

Am Abend schellt es. Vor Antons und Ernas Haustür steht Pitt mit einem unförmigen Beutel in der Hand. *»Ach wisst ihr: Bis Stolzach ist es so nah, und bis zum März ist es noch lang. Da dachte ich, vielleicht kann man den Kindern eine Freude machen. Vielleicht findet man da, was es im Winkelstädter Tierladen nicht gibt.«*

In seiner Hand hält er eine Tüte, die offenbar mit Wasser gefüllt ist. Durch die Plastikfolie sieht man in Hellblau und Orange etwas hervorschimmern.

»Dorie und Nemo!«, schreit Erna begeistert auf. *»Und schau mal: Die schwimmen nicht mal vor mir weg!«* – *»Wie auch – in dem engen Beutel?«*, murmelt Anton. ❄

Total von den Socken

Gibt es in deinem Wohnort Laternenumzüge? Die folgende Geschichte erinnert ein wenig an Sankt Martin, der angeblich seinen Mantel mit einem Armen teilte. Aber hier ist es kein Bischof, sondern ein Polizist, der Barmherzigkeit zeigt. Diese Geschichte ist tatsächlich in New York passiert. Echt cool – im wahrsten Sinn des Wortes.

Jennifer Foster war am 14. November 2012 mit ihrem Mann zum Einkaufen in New York. Die beiden schlenderten über den bunt beleuchteten Times Square. Das ist eine der bekanntesten Einkaufsstraßen in New York. Es war ein kalter Nachmittag. Die Temperaturen in New York fielen fast bis auf den Gefrierpunkt.

Da sah das Paar einige Meter vor sich einen Bettler sitzen. Er lehnte an einer Schaufensterscheibe und fragte die Passanten ab und zu nach ein paar Cent. Das ist nichts Ungewöhnliches in dieser Millionen-Stadt. Was die beiden aber erschrak: Er hatte keine Schuhe an! Er saß dort barfuß auf dem kalten Boden. Seine blau gefrorenen Zehen steckten nicht mal in Strümpfen. Doch lassen wir Jennifer lieber selber berichten, was dann geschah:

»Als ich auf den frierenden Bettler zugehen wollte, kam ein Polizist in Uniform dazwischen. Er ging zielstrebig auf den Obdachlosen zu. Zuerst dachte ich: Will er den vielleicht festnehmen? Ich hatte ja schon viel von der Härte

der Polizei in New York gehört. Doch stattdessen kniete der Polizist sich neben den Bettler auf den Boden, reichte ihm einen Karton und sagte:

›Hi! Ich hab hier ein Paar Winterstiefel für Sie. Größe 46. Das sind Allwetterschuhe. Wollen wir sie gleich mal anprobieren?‹ Dann half er dem schlotternden Mann, sie anzuziehen. Ob er die Schuhe aus eigener Tasche bezahlt hatte?

Noch nie in meinem Leben war ich so beeindruckt. Sofort zückte ich meine Handy-Kamera und machte ein Foto. Ich wollte diese liebe Geste unbedingt festhalten. Besonders schön fand ich die Bescheidenheit des Polizisten. Er verlangte nichts dafür und machte kein großes Aufheben. Ganz im Gegenteil! Der Officer hatte keine Ahnung, dass ich ihm zusah und sogar ein Foto davon machte. Außer mir hat das wohl keiner mitgekriegt.«

Als Jennifer wieder zu Hause angekommen war, ließ ihr die Geschichte keine Ruhe. Sie schickte das Foto von dem hilfsbereiten Polizisten der New Yorker Polizei-Behörde. Dazu tippte sie den folgenden kurzen Text:

»Sehr geehrte Polizei,
ich heiße Jennifer Foster. Hier ein Foto von einer sehr netten Aktion am Times Square, die mich tief beeindruckt hat. Der Polizist auf dem Bild hat dem Mann warme Socken und neue Stiefel angezogen. Können Sie für mich den Namen des Beamten herausfinden? Hat er die Sachen

selbst bezahlt? Sein Beispiel an Hilfsbereitschaft kann uns
alle daran erinnern, wozu gute Polizeiarbeit dient.«

Außerdem stellte Jennifer dieses Bild auf ihre Facebook-Seite – und damit kam eine Lawine ins Rollen.

Foto: Jennifer Foster, facebook

Zwei Wochen später wurde der Polizist vom Times Square tatsächlich ausfindig gemacht. Der bis dahin anonym gebliebene »barmherzige Officer« heißt Larry DePrimo. Er ist 25 Jahre alt und stammt aus Italien.

Jetzt hat er keine Ruhe mehr: Er muss in Fernseh-Talkshows auftreten, Interviews geben und in Kameras lächeln. Das war eigentlich gar nicht seine Absicht. Er wollte doch bloß dem Bettler helfen.

Larry berichtete später einem Reporter, wie es zu dieser Tat kam: »*Ich trug an dem Tag zwei Paar warme Socken übereinander in meinen Polizei-Stiefeln und fror trotzdem. Es war elend kalt. Als ich den Mann am Boden sah und fragte, wo er denn seine Schuhe habe, antwortete der: ›Ich habe noch nie Schuhe besessen.‹*

Da bin ich kurz entschlossen in einen Laden gegangen und kaufte für 75 Dollar ein Paar große Stiefel und Socken. Der Verkäufer hat mir zum Glück sogar seinen Mitarbeiter-Rabatt auf die neuen Stiefel gegeben. Sonst hätten die mich 100 Dollar gekostet. Dann bin ich zurück zu dem Obdachlosen und sorgte dafür, dass er wenigstens warme Füße bekam.« – »*Und wie reagierte der Bettler auf die Schuhe?*«, wollte ein Reporter wissen.

»*Er strahlte über das ganze Gesicht – so, als hätte er eine Million Dollar gewonnen. Man stelle sich das mal vor: Er hatte noch nie ein Paar Schuhe besessen. Aber als ich den Obdachlosen noch zu einem Kaffee einladen wollte, sagte der nur: ›Danke, Officer, aber Sie haben schon genug für mich getan. Vielen Dank. Gott schütze Sie! Und passen Sie auf sich auf! Ab jetzt mag ich die Polizei.‹*

Ich bin dann weiter auf Streife gewesen und habe nicht mehr länger über die Begegnung nachgedacht. Bis ich ein paar Tage später eine Nachricht von meinem Freund bekam: ›Schau mal, Larry. Bist du das nicht? Da auf dem Foto im Internet? Das Bild wurde schon über 200.000-mal geklickt …‹ Ich war absolut schockiert!«

Ja, inzwischen war Larry DePrimo zu einer Berühmtheit geworden. Im Internet klickten weitere Hunderttausende das Foto von dem »Engel in Uniform« an und lasen seine Story. Dennoch versucht Larry, ein normaler New Yorker Polizist zu bleiben.

———— ◆ ————

Ist das nicht eine herzerwärmende Geschichte? Ein Polizist spendiert einem Bettler Socken und Schuhe. Aus eigener Tasche! Und ohne dass es jemand wissen soll. Aber ist so eine liebe Geste nicht ein Tropfen auf den heißen Stein? Ist das Elend nicht viel zu groß, als dass ein Einzelner etwas verändern könnte? In fast allen Städten dieser Welt finden sich unzählige Bedürftige, denen es ähnlich dreckig geht.

Ja, so reden sich viele heraus, die lieber nicht helfen wollen. Zum Glück ist dieser Polizist nicht der Einzige, der außergewöhnliche Nächstenliebe zeigt. Überall finden sich mildtätige Menschen und Hilfs-Organisationen, die viel Gutes tun. Auch du kannst mit kleinen Gesten, an jedem Tag, nach deinen »kleinen« Möglichkeiten dafür sorgen, dass sich die Dinge zum Besseren wenden.

Ich weiß nicht, wie es dir geht, aber mich erinnert die Tat von »Officer Larry« nicht nur an Sankt Martin, der seinen Mantel mit einem Erfrierenden geteilt haben soll. Mich erinnert Larry auch an Jesus Christus. Ja, den hat auch tiefstes Erbarmen gepackt.

Der Herr Jesus konnte nicht an uns vorübergehen. Er hat sich zu uns Menschen herabgebeugt. Er kam aus dem Himmel, um uns zu retten. Er sah unser Elend, unsere Hilflosigkeit und hat sich um uns gekümmert. In der Bibel heißt es, dass er »*umherging, wohltuend und alle heilend*« (Apostelgeschichte 10,38).

Aber nicht nur das. Dann ging er hin und hat für uns bezahlt. Und zwar nicht nur mit 75 Dollar für ein Paar Schuhe, sondern mit seinem Leben für unsere Schuld. Er kam nicht als strenger Polizist, der uns für unsere Vergehen bestraft. Ganz im Gegenteil: Er nahm unsere Vergehen auf sich und hat uns mit seiner Gnade beschenkt.

Was mich bewegt: Kaum jemand nahm damals Notiz von dieser allergrößten Liebestat. Es standen keine Fotografen dabei, die Jesus knipsten, als er sich selbst aus Liebe für uns hingab. Klar, es gab damals noch keine Kameras, aber auch so: Wer hat das schon mitgekriegt, wofür Jesus so schrecklich litt?

———— ◆ ————

Aber was meinst du, wie die Geschichte mit dem New Yorker Bettler weiterging? Ein paar Tage später stand es in der Zeitung: Obwohl der Obdachlose von dem hilfsbereiten Polizisten flammneue Stiefel bekam, läuft der beschenkte Bettler wieder barfuß durch die Straßen von New York! Gibt's denn so was?

»Ich hab die Schuhe irgendwo versteckt. Da sind sie in Sicherheit. Sie sind mir zu schade zum Anziehen«, sagte der Obdachlose der New York Times. »Ich schätze es sehr, was der Polizist getan hat«, meint der 54 Jahre alte Mann. »Ich wünschte, es gäbe mehr Menschen wie ihn auf dieser Welt.«

Ist das nicht verrückt? Er lebt schon etwa zehn Jahre in New York und hat seitdem fast immer auf der Straße gelebt. Larrys Geschenk sollte ihm doch zugutekommen, ihn vor dem Erfrieren retten, aber er macht so weiter wie immer … Er mag den Polizisten, aber er trägt nicht seine geschenkten Stiefel.

Wie wird Larry wohl darüber denken? Er hat dem Bettler für viel Geld Schuhe gekauft, aber der Beschenkte möchte lieber barfuß in der Kälte bleiben? Ihm sind die Stiefel zu schade zum Anziehen!

So gehen auch viele Menschen mit Jesus um. Sie hören davon, dass er für ihre Sünden am Kreuz gestorben ist, aber sie »ziehen sich diesen Schuh nicht an«. »Waaas, der soll für mich am Kreuz gestorben sein? Das hätte er nicht tun müssen. Ich komme auch ohne das aus.« Bitte begehe du nicht den gleichen Fehler! Sonst wird dir das größte Geschenk, das Gott dir machen möchte, nichts nützen.

Jeder von uns braucht Gottes Gnade – noch viel mehr als der obdachlose Bettler Schuhe brauchte! ❄

Kälte, Kracher, Kemenate

Wenn die Nächte endlos sind und es draußen ungemütlich wird, langweilen sich viele Kinder. Was soll man bei so einem Wetter bloß anfangen? So geht es auch den Winkelstädtern. Aber Achtung, gleich wirst du lesen, wie jede Langeweile verfliegt …

Es ist Donnerstag-Nachmittag. Thomas, Alexander, Matze und Benni sitzen auf dem Schanzer Kopf in Liesels Wohnstube. Da setzt sich Pitt zu den gelangweilten Jungs. Hier oben, hoch über dem Städtchen Winkelstädt, hat Pitt Diesel seinen kleinen Flugplatz.

Aber in dieser Jahreszeit bleibt der grellgelbe Doppeldecker fast immer im Hangar stehen. Es ist einfach nichts los. Weder in der Stadt noch hier oben. Für einen Piloten gibt es heute nichts zu tun. Und wenn die Hausaufgaben erledigt sind, auch nicht für Schüler.

»Ich vermisse die Sonne«, seufzt Liesel, Pitts Schwester. *– »Ich vermisse das Knattern deines Doppeldeckers«*, sagt Matze. *– »Und ich vermisse meinen Etienne!«*, seufzt Pitt. *– »Und ich vermisse mal wieder ein richtig spannendes Abenteuer!«*, ruft Alexander in die trübsinnige Runde. *»Wir haben schon lange nichts Gescheites mehr miteinander unternommen …«*

Die anderen pflichten ihm bei. Aber was soll man in dieser Jahreszeit unternehmen? Halma spielen, Kreuzworträtsel, Däumchen drehen? Plötzlich springt Pitt auf und klatscht in die Hände. *»Wie wäre es mit einer Mitternachts-Mutprobe in der Ruine Stolzenstein?«* – *»Häää? Eine Mitternachts-Mutprobe, was ist das denn?«*, fragen sich alle.

Pitt sprudelt los: *»Ihr habt doch Langeweile. Ich habe auch nichts Dringendes zu erledigen. Also machen wir etwas besonders Spannendes. Wir könnten uns doch morgen nach der Schule in der Ruine Stolzenstein treffen und dort ein gemütliches Winterquartier beziehen. Natürlich nur für eine Nacht – wenn eure Eltern einverstanden sind.«* Rasch erklärt Pitt seine verrückte Idee:

»In der Burgruine gibt es hinter dem Burghof im zerfallenen Burgturm die sogenannte ›Kemenate‹ – ein altes Kaminzimmer mit sehr schmalen Fenstern. Darin ist es zwar ungemütlich kahl und kalt, aber immerhin trocken. Wir könnten doch die Fensterritzen mit Stroh zustopfen und es uns dann mit Isomatten vor dem knisternden Kamin gemütlich machen. Und wenn ihr mutig seid, sogar dort übernachten …«

»Cooooool!«, ruft Thomas – und wirklich: Cool (also kalt) sollte es werden, sehr cool sogar.

Am nächsten Nachmittag treffen sich alle bei Thomas und Alexander von Stolzenstein. Sie wohnen auf dem

Bauernhof direkt unter der Ruine Stolzenstein. Tatsächlich haben alle Eltern zugestimmt. Natürlich erst, als sie erfuhren, dass Pitt Diesel mit dabei ist und dafür sorgen will, dass keiner erfriert. Zum Glück haben die besorgten Mütter bis jetzt nur gute Erfahrungen mit Hans-Peter Diesel, dem kinderlieben Piloten – den alle »Pitt« nennen –, gesammelt, auch wenn er immer wieder verrückte Ideen hat.

Alles ist genau abgesprochen und perfekt geplant. Jeder hat seine Aufgabe. Thomas und Alexander sorgen für eine Schubkarre mit zwei Strohballen. Darauf verstauen sie ihre Mumienschlafsäcke, Isomatten und sonstige Ausrüstung. Pitt hat Kaminholz und Zunder vorbereitet. Benni schleppt zwei Petroleum-Lampen und Streichhölzer herbei, und Matze bringt die Verpflegung mit. Was soll jetzt noch schiefgehen?

Bennis Mama hat sicherheitshalber noch fünf Wolldecken und ein paar alte Kissen zusammengeschnürt und zu Stolzensteins gebracht. Als die schwer bepackte Karawane endlich Richtung Burg aufbricht, wird es schon allmählich dunkel. Den Jungs klopft schon jetzt das Herz. Als sie durch das Burgtor stapfen, merken sie, wie unheimlich verlassen es hier ist.

»In der alten Ruine hat bestimmt seit 300 Jahren keine Menschenseele mehr übernachtet«, vermutet Benni. »Denkst du!«, entgegnet Thomas, »Papa sagt, hier haben oft genug Landstreicher gehaust …« – »Wie bitte?«, fragt Matze bekümmert und schaut sich erst mal prüfend um.

Ohne große Mühe wird das alte Gemäuer rasch winterfest gemacht. Alle helfen mit. Thomas und Alexander schneiden die Kordeln der Strohballen auseinander. Dann verschließen sie mit dicken Büscheln alle Ritzen. Durch die strohgestopften Fenster pfeift jetzt kein Lüftchen mehr.

Matze und Pitt hängen vor die zugige Tür zur Kemenate eine alte Wolldecke auf – als Windschutz. Dann rollen sie alle Isomatten auseinander. Und Benni versucht ein Feuerchen anzufachen. Nach dem fünften Streichholz gelingt es ihm endlich.

Vor dem Kamin liegen die Schlafmatten der Jungs im Halbkreis. Dazwischen Chips-Tüten, Schokoriegel, Kakaopäckchen, Petroleumlampen, Rucksäcke und Winterstiefel. Ihr Schuhwerk ist das Einzige, was die Jungs ausgezogen haben. In voller Montur, mit Pullovern, Jacken und Schals schlüpfen sie in ihre Schlafsäcke und erzählen. Nur so lässt sich die Eiseskälte aushalten.

An den Bruchstein-Wänden der Kemenate erscheinen bewegte Schattenbilder. Ihre Fantasie erkennt schreckliche Gestalten. Erst allmählich flutet das munter knisternde Kaminfeuer den finsteren Raum mit Licht und etwas Wärme. Da schlägt es zehnmal vom Glockenturm der nahen Stadt.

»*Früher war die Kemenate das Privatgemach der Burg-damen. Hier hatten Männer keinen Zutritt*«, erklärt Pitt den gespannt zuhörenden Burschen. »*Heute Abend ist es umgekehrt. Mädchen haben auf unserer Männer-Mit-ternachts-Mutprobe nichts verloren. Es war kein ange-nehmes Leben damals. Die Burgfräuleins kannten noch nicht mal Fensterscheiben. Der Winter auf einer Burg war hart und endlos lang.*«

Während Pitt erzählt, kramt Alexander einen Teddy aus dem Rucksack – den braucht er zum Einschlafen, sagt er. Von wegen Männer …

Doch was ist das? Von draußen hört man plötzlich ein Gemurmel. Benni schrickt zusammen und fragt verängs-tigt: »*Pitt, hast du das auch gehört? Da waren Stimmen!*« Als Pitt zu der verhängten Tür geht, bemerkt er, dass sich jemand von draußen an den zugestopften Fenstern zu schaffen macht.

Die Jungs sehen gebannt im fahlen Schein des Feuers, wie erst etwas Stroh herabrieselt und dann ein schwar-zer Handschuh in der schmalen Fensteröffnung er-scheint. Die Hand lässt etwas herabfallen und verschwin-det dann wieder. Ein zusammengeknülltes Stück Papier bleibt auf dem Steinboden liegen!

Pitt hebt es rasch auf und liest: »*Haut bloß ab. Sonst knallt's!*« Sofort möchte Pitt nachschauen, wer ihnen nachts so eine Botschaft durchs Fenster wirft, aber – als er die Tür hinter dem Vorhang öffnen will, ist diese verkeilt. »*Haut bloß ab. Sonst knallt's! – Wie sollen wir denn abhauen, wenn die Tür zu ist?*«, ruft Matze verunsichert hinaus in die Nacht. Aber da knallt es schon:

Ein Böller explodiert direkt vor den Schlafsäcken der Jungs. Alle zucken zusammen. Alexander fängt an zu heulen. Pitt springt ans Fenster und ruft: »*Hört sofort auf mit dem Blödsinn! Hier liegt Stroh – das kann Feuer fangen. Und macht sofort die Tür auf!*« Doch von draußen hört man nur ein blödes Gekicher.

Und wieder fliegt ein Gegenstand in die Kemenate. Diesmal pfeift ein Heuler durch das Gemäuer, dass es den Jungs in den Ohren klingelt. Die verängstigten Jungs sehen, wie Pitt betet: »*Herr Jesus, bitte lass die Rowdys da draußen sofort damit aufhören und die verkeilte Tür wieder öffnen. Hilf du uns bitte. Amen!*«

Und noch einmal durchzuckt ein gewaltiger Kracher die Stille in der alten Burgruine. Von draußen hört man nur hämisches Gelächter – und drinnen das Husten der Jungs wegen des beißenden Rauchs der Böller.

Da! Schon wieder: *Tack, tack, tack, tack, tack.* Ein Knattern wie von einer Maschinenpistole. Aber – es ist keine Maschinenpistole! Ist es ein Knallfrosch? Nein! – Es ist das Tuckern eines herannahenden Traktors. Im Burghof hört man nur noch den Widerhall hastiger Schritte und kurze Kommandos.

Regungslos horchen die Überfallenen in die Nacht. Es wird still da draußen. Die rücksichtslosen Ruhestörer scheinen sich verzogen zu haben.

Da! Ein Rumpeln an der verkeilten Tür, und Theo von Stolzenstein steht im Raum. Alexander und Thomas springen aus ihren Schlafsäcken und fallen ihrem Papa um den Hals. Der Nachbar Theo hat von zu Hause die laute Knallerei gehört und sich sofort mit dem Trecker auf den Weg zur Ruine gemacht. Bei seiner Ankunft haben die Übeltäter sofort Reißaus genommen und sich in der Dunkelheit davongemacht.

»Ich sah vor einer Viertelstunde drei oder vier Teenager Richtung Burg schleichen. Wahrscheinlich haben die euch ärgern wollen. Als ich mit dem Trecker kam, sind sie natürlich getürmt«, berichtet Theo.

Erst nach und nach beruhigen sich die Freunde. Theo bleibt noch etwas bei ihnen und fragt, ob einer nach Hause gebracht werden möchte. Aber alle schütteln den Kopf. Als er sich verabschiedet hat, kauern sich alle in ihre mollig warmen Schlafsäcke. *»Das war aber echt eine Mutprobe!«*, meint Benni.

»So, Jungs. Bevor ihr einschlaft, habe ich hier noch eine Geschichte aus der Bibel, die sehr gut zu unserem spannenden Erlebnis passt!« Gemütlich an den Kamin gelehnt, liest Pitt den vier Jungs im Schein des Kaminfeuers die Worte aus Prediger 9,14-18 vor:

»Es war eine kleine Stadt, und wenige Männer waren darin; und gegen sie kam ein großer König, und er umzingelte sie und baute große Belagerungswerke gegen sie. Und es fand sich darin ein armer weiser Mann, der die Stadt durch seine Weisheit rettete; aber kein Mensch erinnerte sich an diesen armen Mann. Da sprach ich: Weisheit ist besser als Kraft; aber die Weisheit des Armen wird verachtet, und seine Worte werden nicht gehört. Worte der Weisen, in Ruhe gehört, sind mehr wert als das Geschrei des Herrschers unter den Toren. Weisheit ist besser als Waffen; aber ein Sünder vernichtet viel Gutes.«

»Habt ihr das verstanden? Ein Sünder vernichtet viel Gutes ... Die Rowdys vorhin haben uns beinahe unseren schönen Abend verdorben. Die Kerle haben uns auch umzingelt, so wie damals die kleine Stadt belagert wurde. Aber zum Glück ist Theo gekommen, und so ist alles glimpflich ausgegangen. Wenn das Stroh Feuer gefangen hätte ... O weh! Dann wäre uns die verriegelte Tür zum Verhängnis geworden ...«

Matze bittet Pitt: »Lies noch mal die Geschichte. Ich habe eben nicht richtig zugehört. Steht die wirklich in der Bibel? Die habe ich noch nie gehört.«

Pitt wiederholt: »Es war eine kleine Stadt, und wenige Männer waren darin; und gegen sie kam ein großer König, und er umzingelte sie und baute große Belagerungs-

werke gegen sie. Und es fand sich darin ein armer weiser Mann, der die Stadt durch seine Weisheit rettete; aber kein Mensch erinnerte sich an diesen armen Mann.«

»Hmmm«, murmelt Matze, *»verstehe! Wenn Theo uns gerettet hat, müssen wir uns wenigstens noch angemessen bei ihm bedanken.«*

»Genau!«, stimmt Pitt zu und legt die kleine Bibel aus der Hand. *»Vielleicht helfen wir morgen früh gemeinsam in Theos Stall beim Füttern des Viehs und beim Ausmisten. Das würde ihn bestimmt sehr freuen.«*

Während Pitt im Kaminfeuer stochert und die Gespräche der Jungs langsam abebben, sagt Alexander: *»Aber jetzt ist uns beinahe doch noch das Gleiche passiert wie den Leuten in der belagerten Stadt.«* Die anderen begreifen erst nicht, was Alexander meint. Doch dann erklärt er es ihnen:

»Kein Mensch dachte an diesen armen Mann. Und wir haben einen anderen Helfer ganz vergessen, der uns auch gerettet hat ... Wir haben noch gar nicht daran gedacht, Gott zu danken. Vorhin – mitten in der Knallerei – hat Pitt doch zu Jesus gebetet!«

»Da hast du aber recht!«, stimmt Pitt zu. *»Tatsächlich! Wir haben uns noch gar nicht bei unserem Herrn Jesus Christus bedankt! Kommt, bevor ihr alle einpennt, wollen wir noch zusammen beten:*

›Lieber Herr Jesus! Wer zu dir ruft, der wird gerettet. Wer auf dich vertraut, den umgibst du mit Güte. Wer an dich glaubt, der ist in Sicherheit. Beinahe hätten wir versäumt, uns dafür bei dir zu bedanken. Danke, dass du uns geholfen hast! Danke, dass du nicht nur uns gerettet hast, sondern dass du die ganze Welt rettet möchtest! Aber kaum ein Mensch denkt noch an dich, Herr Jesus! Pass du bitte auf uns auf, dass uns hier keiner mehr einen Schrecken einjagen kann. Bitte lass uns jetzt alle gut schlafen, trotz der Kälte. Amen.«

Beruhigt und müde schläft einer nach dem anderen ein. Nur Pitt und Alexander sind noch wach. »Du, Pitt, was ich dir noch sagen wollte«, flüstert Alex. »Ich finde es klasse, dass du so verrückte Sachen mit uns machst. Du würdest doch auch jetzt lieber in deinem weichen Bett liegen, oder?« Pitt nickt nur sacht mit einem Lächeln. »Pitt, ich glaube, Jesus ist so ähnlich wie du. Seit ich dich kenne, kann ich mir Jesus viel besser vorstellen ...«

»O, Alexander!«, antwortet Pitt. »Da kennst du Jesus aber noch schlecht. Er ist wunderbar!« ❄

Der Mauerfall

Über eine schmale hohe Mauer balancieren? Das ist nicht ganz ungefährlich. Aber wenn dann noch Schnee darauf liegt ... Würdest du dich das trauen? In der folgenden Geschichte erlebst du mit, wie ein Mädchen dabei zwar ausrutscht, aber doch nicht abstürzt.

Hanna, Liesel und Pitt sitzen nach einem deftigen Mittagessen um den Küchentisch. Sie basteln gemeinsam Strohsterne. Der ganze Tisch ist übersät mit Fäden, Kleber, Scheren und Strohhalmen. Ein paar flackernde Kerzen tauchen den Raum in gemütliches Gold.

Pitt steckt sich gerade etwas Nähgarn in den Mund. Er lutscht daran und versucht dann vergeblich, es einzufädeln. Für ihn ist Basteln zwar alles andere als ein Vergnügen, aber – Hanna hat es sich doch so gewünscht.

»Ich habe eine gaaaanz schwere Frage, Pitt.« – *»So? Dann schieß mal los.«* – *»Wie kommt eigentlich ein Schneepflug-Fahrer morgens früh zur Arbeit, wenn doch noch hoch Schnee liegt?«* – *»Ganz schön knifflig, deine Frage. Keine Ahnung. Aber ich hab damit kein Problem. Ich nehme dann einfach den Doppeldecker.«*

»Kein Mädchen auf der Welt hat sooo einen tollen Onkel wie ich!«, schwärmt Hanna und strahlt ihren Lieblings-Onkel Pitt mit flackernden Augen an. *»Und kein Mäd-*

chen auf dieser Welt hat sooo verrückte Ideen wie du. Schneepflug-Fahrer-Fragen und Strohsterne-Basteln ...«, seufzt Pitt.

»Mama, du bist eine Fünf-Sterne-Köchin, und du, Onkel Pitt, bist ein Fünf-Strohsterne-Onkel!« – *»Na ja, ich weiß nicht. Bisher hab ich erst einen geschafft und mir dabei dreimal in den Finger gestochen!«,* murrt Pitt. *»Stroh-sterne basteln ist nichts für mich.«*

»Danke, dass du trotzdem mitmachst«, sagt Hanna anerkennend und knufft ihrem Onkel in die Seite. *»Autsch! Schon wieder!«* Diesmal steckt Pitt den zerstochenen Finger statt den Faden in den Mund und lutscht einen Tropfen Blut weg.

»Ja, manchmal ist es gut, wenn man etwas auch ohne gute Gefühle tut«, sagt Pitt, als wolle er sich selbst Mut machen. *»Wie meinst du das, Onkelchen?«* – *»Nun, es ist nun mal eine Tatsache, dass vieles, was einem zunächst keinen Spaß macht, dennoch gut für uns ist, oder zumindest gut für andere.«*

»Onkel Pitt? Apropos ›keinen Spaß‹. Wie kommt es, dass ich oft keine Lust zum Beten habe? Ich fühle überhaupt nichts von Gott dabei. Manchmal habe ich Zweifel, ob Gott überhaupt da ist. Meine Gefühle bleiben kalt.«

Bevor Pitt antworten kann, hört man plötzlich eine Tür zuschlagen. Die drei fahren vor Schreck zusammen.

»*Autsch! Schon wieder!*«, schimpft Pitt. Erschrocken schauen Liesel und Hanna aus dem Fenster. Doch sie sehen nur ein paar frische Fußabdrücke im Schnee. Ja, die Spuren führen die Treppe zu ihrer Haustür hinauf.

»*Ist da jemand?*«, ruft Liesel Richtung Flur, von wo sie Schritte hört. Ja, da ist doch einer ...

Da platzt Thomas vom Bauernhof nebenan in die Runde. Er hat nicht mal angeklopft. In dicken Wintersachen steht er in der Küchentür. Noch außer Puste schießt er sofort los: »*Hallo zusammen! Habt ihr's aber warm hier drin. Kommt alle sofort mit zur Ruine Stolzenstein! Wir müssen euch was zeigen.*«

»*Was gibt's denn da so Eiliges?*«, will Hanna wissen. »*Wir wollen lieber basteln!*« – »*Putz erst mal deine Schuhe ab!*«, erwidert Liesel scharf. »*Siehst du denn nicht, dass hier frisch gewischt wurde?*« Dabei zieht sie die Stirn in dicke Falten. Nur Pitt sieht seine Chance gekommen, nicht noch vier weitere Strohsterne basteln zu müssen: »*Aha, Thomas. Interessant! Was ist denn in der Ruine los?*«

»*Alexander und ich haben dort etwas entdeckt.*« – »*Was denn?*«, will Hanna wissen. »*Wir kennen dort doch schon jeden Winkel ...*« – »*Aber nicht, was sich in einem dieser Winkel versteckt hat!*«, triumphiert Thomas. »*Kommt. Wenn ihr euch etwas beeilt, kann ich es euch gleich zeigen.*« – »*Na gut. Macht nur rasch alle Kerzen aus!*«

Wenig später folgen die drei von der Schanzer Hütte dem vorauseilenden Thomas. Pitt ganz vorne, Hanna in der Mitte und ihre Mutter Liesel am Schluss. In wenigen Minuten sind sie da. Die Ruine Stolzenstein liegt tief verschneit. Neben dem Torbogen zum Burghof wartet Alexander, Thomas' Bruder. – »*Alexander, sind sie noch da?*«, ruft Thomas schon von Weitem seinem Bruder zu.

»*Pscht! Nicht so laut! Ja, ihr kommt noch rechtzeitig!*« – »*In dem Mauerwinkel da oben, über dem Torbogen, sitzt ein Schleiereulen-Pärchen*«, flüstert Thomas. »*Das müsst ihr euch unbedingt ansehen!*«

»*Schleiereulen?*«, erkundigt sich Pitt. »*Das kann ich mir fast nicht vorstellen. Die sind nämlich sehr selten geworden. Ihr habt bestimmt Habichte im hellen Winterkleid gesehen. Schleiereulen nisten fast nur in alten Scheunen oder auf hohen Kirchtürmen. Man findet heute ja kaum noch Gebäude mit Uhlenfluchten.*«

»*Mit was?*«, will Hanna wissen. »*Mit Eulenlöchern. Früher nannte man so eine Öffnung ›Uhlenloch‹ oder ›Uhlenflucht‹*«, erklärt Pitt. – »*Aber da oben findet man eine Uhlenflucht!*«, sagt Alexander bedeutungsvoll und zeigt auf einen Spalt im Bruchstein-Mauerwerk drei bis vier Meter über dem Rundbogen des Burgtors.

Da! Plötzlich stößt ein beige-weißer Vogel aus dem Spalt, stürzt wie ein Pfeil durch den Rundbogen in die

Tiefe und gleitet dann haarscharf über den Burghof. »Tatsächlich! Eine Schleiereule!«, ruft Pitt verblüfft. – »Muss die eine Notlandung machen?«, fragt Liesel. – »Nein. Im Beuteflug berühren Schleiereulen fast die Erde. Das Ganze geschieht so lautlos, als sei die Eule ein Papierflieger«, unterrichtet sie Pitt.

»So etwas kann man nur sehr, sehr selten beobachten. Schleiereulen halten nämlich bei Tageslicht ihren Schlaf. Dann bleiben sie in ihren Verstecken fast unsichtbar. Nur im Winter, wenn sie wenig Futter finden, müssen sie sich manchmal zeigen, um nicht zu verhungern.« – »Da! Sie hat sich auf eine Fensterbank gesetzt. Ist die schön!« – »Och schade, jetzt verschwindet sie schon wieder in ihrem Versteck.«

»Warum heißt die eigentlich Schleiereule?«, will Hanna wissen. »Die Schleiereule heißt so, weil sie um ihren Schnabel eine herzförmige Brille aus feinem Gefieder hat«, antwortet Onkel Pitt. »Und das Ganze sieht aus wie ein weißer Schleier«, ergänzt er.

»Ihr könnt ruhig mal in das Uhlenloch hineinschauen«, sagt Alexander zu den dreien, »da sitzt nämlich noch eine. Wir haben die Eulen schon einige Zeit in ihrem Versteck beobachtet.«

Tatsächlich. Jetzt erst entdeckt Hanna die Fußstapfen im Schnee. »Was? Ihr seid da hinübergegangen? Bis zu dem Loch? Seid ihr wahnsinnig?« Hanna zeigt entsetzt

Richtung Torbogen. Ihr wird allein bei dem Gedanken schon schwindelig.

Das schmale Mäuerchen, das die Jungs als Pfad zum Uhlenloch benutzt haben, führt direkt über den hohen Torbogen. Die Mauer ist nur so breit, wie ein Handtuch lang ist, und hat natürlich kein Geländer.

»Seid ihr wirklich über diese Burgmauer balanciert?«, fragt Hanna entgeistert. *»Siehst du denn nicht unsere Spuren? Das war ganz einfach. Komm, probier es auch mal.« – »Nein, danke! Die Mauer ist mir viel zu hoch!«*

Doch Onkel Pitt macht Hanna Mut: *»Wenn du die Tiere gerne mal von Nahem sehen willst, habe ich einen Vorschlag. Pass auf: Ich gehe als Erster und nehme dich bei der Hand. Und hinter dir geht Liesel und hält deine andere Hand. Wir sind dann dein Geländer. Bist du einverstanden?«*

»Und du meinst, das funktioniert?«, zweifelt Hanna. *»Ohne Probleme! Wenn du nur nach vorne schaust!«*, beteuert Pitt. *»Und ob ich mich das traue, fragt ja keiner!«*, fügt Liesel scherzend hinzu. *»Aber meinetwegen. Komm, Hanna, wir zeigen's den Jungs. Das wäre doch gelacht!«*

Kurz darauf gehen die drei wie besprochen Hand in Hand los. Onkel Pitt schreitet mutig voran. Hanna klammert sich zitternd an seinen Arm und zieht ihre Mutter hinter sich her. Wankend und schwankend schleichen die drei über die Bruchstein-Mauer. Gleich haben sie es geschafft. Ja, endlich erreichen sie die sichere Seite. Nun können sie in den tiefen Mauerspalt hineinschauen und die aufgeplusterten Eulen beobachten. *»Sind die süß!«* – *»So was bekommst du nie wieder zu Gesicht!«*

»So – stören wir sie nicht noch länger. Kommt, wir gehen lieber wieder zurück!«, kommandiert Onkel Pitt. *»Aber vorsichtig!«*, ergänzt Liesel. Die kurze Menschenkette setzt sich genau wie vorhin wieder in Gang. Sie haben schon fast die Hälfte geschafft.

Da blickt Hanna in die Tiefe. Sie wird blass. *»V-v-on der Seite sah die Mauer aber viel niedriger aus!«* – *»Vorsicht. Schau nur nach vorn. Ich halte dich fest!«*, feuert Pitt sie an. *»Und wenn einer von uns abrutscht? – Mama!? Bist du noch da?«*

Verunsichert dreht Hanna sich um. – *»Nein, nicht um-drehen, Hanna! Schau nur nach vorn!«*, ruft Onkel Pitt und zieht sie fest in seine Richtung. Doch – zu spät. Hanna verliert den Halt und schreit ängstlich auf. Ihre Gummistiefel schlittern über den Mauerrand hinaus. Ein Stiefel fällt in die Tiefe und landet klatschend im Burghof. Zwischen Pitt und Liesel und zwischen Him-mel und Erde hängt Hanna über dem Abgrund.

Ihr Schrei hallt schaurig über den Burghof. Liesel kann ihre Tochter fast nicht mehr halten. Hannas Handschuh gleitet ihr langsam aus der Hand. Thomas und Alexander müssen tatenlos zusehen. Aber Pitt steht felsenfest. Behutsam zieht er das zitternde Mädchen zu sich. *»Keine Angst, ich halte dich. Stell dich wieder auf die Beine.«* – *»Aber mein Stiefel!«*, quengelt Hanna.

»Nur nicht zurückschauen und nicht nach unten. Komm, meine Tapfere. Wir schaffen das schon.« Mit wenigen sicheren Schritten erreicht Pitt mit den beiden Frauen im Schlepptau den Ausgangspunkt. Schluchzend fällt Hanna in Liesels Arm. *»Mama. Ich hatte solche Angst!«* – *»Hier, dein Gummistiefel!«*, sagt Alexander. *»Er hat den Sturz ganz gut überstanden!«* Erleichtert zieht Hanna ihn wieder an.

Später wärmen sich die durchgefrorenen Eulenforscher in Tante Liesels Wohnzimmer auf. Tassen mit heißem Kakao dampfen, und ein gemütliches Kaminfeuer knistert. Hanna sitzt mit ausgestreckten Füßen im Schaukelstuhl. Das Wippen beruhigt sie nach dem Schrecken.

Da fragt ihr Onkel Pitt: *»Hanna, erinnerst du dich noch? Heute, nach dem Mittagessen, hast du gesagt: ›Ich fühle überhaupt nichts von Gott. Manchmal habe ich Zweifel, ob es ihn überhaupt gibt. Meine Gefühle bleiben so kalt.‹«* – *»Ja, das habe ich gesagt.«* – *»Du, Hanna, mit dem Glauben an Gott ist es so wie mit unserem Gang über die Burgmauer.«* – *»Wie bitte? Das verstehe ich nicht«*, antwortet Hanna und stellt ihre leere Tasse auf den Kaminsims.

»*Pass auf*«, erklärt Pitt. »*Ich meine das so: Wenn du im Glauben fest bleiben möchtest, darfst du dich nicht auf deine Gefühle verlassen, sondern nur auf Tatsachen. Sieh mal hier!*« Jetzt stellt auch Pitt seine Tasse auf den Kaminvorsprung und bittet Liesel, auch ihren Becher dort abzustellen.

»*So, die drei Tassen sind jetzt Pitt, Hanna und Liesel. Ganz vorne ging ich, dann du in der Mitte und danach deine Mutter am Schluss. Solange du nach vorne geschaut hast – zu mir – ging alles gut.*« Dabei dreht Pitt den Henkel der mittleren Tasse nach vorn. »*Aber als du nach hinten sehen wolltest …*« Pitt dreht den Henkel zur hinteren Tasse. »*Tja, da bist du abgestürzt.*«

»*So, und jetzt pass mal gut auf: Ich gebe den drei Tassen jetzt mal neue Namen. Die erste Tasse nennen wir ›Tatsache‹. Die zweite heißt jetzt ›Glaube‹. Die dritte nennt sich ›Gefühl‹.*« Hanna kräuselt ihre Stirn und versteht nicht, worauf ihr Onkel hinausmöchte. Aber Pitt erklärt es ihr:

»*Siehst du, solange* TATSACHE *– also ich – vorne geht und der* GLAUBE *– also du – sich auf die* TATSACHE *verlässt, geht alles gut. Sobald sich aber der* GLAUBE *nach dem* GEFÜHL *umdreht, kommt er ins Schleudern.*«

Liesel blickt ihren Bruder etwas ärgerlich an. *»Was willst du denn damit sagen?«*

»Sei mir nicht böse, Liesel. Das ist doch nur ein Beispiel. Es ist prima, wenn unserem Glauben nie das gute Gefühl abhandenkommt, aber darauf kommt es nicht an. Viel wichtiger ist, dass wir uns an die Tatsachen halten – uns fest auf Gottes Wort verlassen. Es ist ganz wichtig, dass wir nicht von unseren Gefühlen abhängig sind, sonst kommen wir ganz leicht ins Wanken.

Gefühle können uns nicht halten. Sie gleiten uns manchmal durch die Finger wie dein Handschuh vorhin. Was unserem Glauben Sicherheit gibt, sind Gottes feste Zusagen. Die Tatsachen. Die kommen nie ins Wanken. Denn Himmel und Erde werden vergehen, aber Gottes Wort bliebt ewig bestehen.

Wenn du dich nur deinen Gefühlen zuwendest, kann das leicht schiefgehen. Wenn du dich aber auf Gottes Versprechen stützt, wirst du niemals fallen. Also, Hanna, denk an die richtige Reihenfolge: Erst die Tatsachen, dann der Glaube, und dann erst das Gefühl! Daran kannst du dich lebenslang festhalten.« ❋

Krippe, Kreuz und Grab

Kam Jesus aus dem Bauch von Maria oder aus dem Himmel? War er Gottes Sohn oder der Sohn Josephs? Geschah seine Geburt bei Tag oder bei Nacht? War die Krippe aus Holz oder aus Stein? Und woher stammt eigentlich das Wort »Gnade«? Hier ein paar Hinweise dazu:

Jesus wurde in Bethlehem geboren – in einer Futterkrippe. Von dort aus sind es nicht mal zehn Kilometer nach Jerusalem. Bethlehem – das sind im Hebräischen zwei Worte: *»Beth« (»Haus«)* und *»Lechem« (»Brot«)*. Auf Deutsch bedeutet Bethlehem also *»Brothausen«*. Ja, genau dort kam Jesus zur Welt. Und das ist kein Zufall. Denn er kam als *»das Brot aus dem Himmel«* zu uns, wie er es später selber gesagt hat: *»Ich bin das Brot, das aus dem Himmel herabgekommen ist«* (siehe Johannes 6,41). Ließ Gott es deshalb zu, dass Jesus in eine Futterkrippe gelegt wurde? So niedrig, dass jeder ihn finden kann, der Hunger nach dem wahren Leben hat?

Aber kam Jesus denn wirklich aus dem Himmel? Und wie denn das? Wie ein Astronaut oder wie ein Meteorit? Wie konnte er aus dem Himmel herabkommen? Seine geheimnisvolle Herkunft haben viele angezweifelt – bis heute. Die Leute damals sagten: *»Ist dieser nicht Jesus, der Sohn Josephs, dessen Vater und Mutter wir kennen? Wie sagt er nun: Ich bin aus dem Himmel herabgekommen?«* (Johannes 6,42).

Das ist auch wirklich schwer zu verstehen. Kam er nicht ganz normal aus dem Bauch seiner Mutter Maria? Doch! Wurde er nicht auf ganz natürliche Weise geboren? Das ja, aber davor … Er kam zwar ganz normal *aus* dem Bauch seiner Mutter, aber übernatürlich *in* den Bauch seiner Mutter. Er wurde »*nicht … aus dem Willen des Mannes, sondern aus Gott geboren*« (siehe Joh 1,13).

Ganz schön kompliziert, nicht wahr? Nicht nur Kindern bereitet das Kopfzerbrechen. Viele Erwachsene haben damit große Probleme. Zum Beispiel auch damals Maria. Als ihr angekündigt wurde, dass sie bald schwanger sein wird, fragte sie entsetzt: »*Wie kann das sein?*« (Lukas 1,34). Sie war ja noch nicht mit Joseph verheiratet.

Maria wusste genau: »*Ich kann und darf jetzt unmöglich schwanger werden!*« Damals drohte Unverheirateten, die schwanger wurden, die Todesstrafe. Entsetzlich! Deshalb war Maria so schockiert. Aber der Engel antwortete ihr: »*Der Heilige Geist wird auf dich kommen, und die Kraft des Höchsten wird dich überschatten; darum wird auch das Heilige, das geboren werden wird, Sohn Gottes genannt werden*« (Lukas 1,35). Deshalb ist Jesus der Sohn Gottes – und nicht der Sohn von Joseph.

Auch Joseph hatte große Schwierigkeiten, das zu verstehen. Er überlegte schon, Maria einfach sitzen zu lassen. Joseph wollte »*sie heimlich entlassen*« (Matthäus 1,19). Aber auch ihm erklärte ein Engel, was mittlerweile bei Maria geschehen war: »*Das in ihr Gezeugte ist von dem*

*Heiligen Geist. Sie wird aber einen Sohn gebären, und du
sollst seinen Namen Jesus nennen; denn er wird sein Volk
erretten von ihren Sünden*« (Matthäus 1,20-21).

Der ewige Sohn Gottes kam in Raum und Zeit. Er ließ
sich auf unsere Erde senden. Freiwillig. Wurdest du gefragt, ob du geboren werden wolltest? Nein. Niemand
wurde gefragt. Außer ihm! Und er sagte: »*Ja!*«

Warum hat Jesus sich nur dazu bereitgefunden? Es ist
ein Geheimnis. Es ist unbegreifliche Liebe! Seine Her-
ablassung und rührende Barmherzigkeit ist hinreißend
schön. Sie ist auf jeden Fall ein triftiger Grund, immer
wieder zu feiern und sich zu freuen – zum Beispiel an
Weihnachten.

Die Bibel erklärt uns: Das musste so sein, »*damit ihr
… Teilhaber der göttlichen Natur werdet*« (2. Petrus 1,4).
Verstehst du, was das bedeutet? Es klingt unglaublich:
Wir dürfen Anteil haben am Himmel, weil er auf die
Erde kam. Wir dürfen zu Gott kommen, weil er zu uns
kam. Wir können unsterblich werden, weil er so verletz-
lich wurde.

Aber dazu müssen wir voller Vertrauen »*Ja!*« sagen, wie
Maria es tat. Nur wer Jesus im Glauben aufnimmt, wie
Maria die frohe Botschaft des Engels aufnahm, mit dem
geschieht etwas ganz Ähnliches: In diesen Menschen
legt Gott einen Schatz, es beginnt ein neues Leben, es
passiert eine Geburt von oben (siehe Johannes 3,7).

Und so, wie Maria seitdem darauf achtete, was dem neuen Leben in ihr nützt oder schadet, ist es auch bei dem, der Jesus im Glauben aufnimmt. Ab da beginnt ein völlig anderer Lebensabschnitt. Ab da ändert sich das Verhalten. Schlechte Gewohnheiten werden abgelegt und angemessene Gewohnheiten angeeignet. Weil jetzt Jesus in uns wohnt.

———— ◆ ————

Weißt du, zu welcher Tageszeit Jesus geboren wurde? Er kam nachts. Woher wissen wir das? Den Hirten von der Nachtschicht wurde von den Engeln mitgeteilt: »*Euch ist heute ein Erretter geboren!*« (Lukas 2,11). Bei den Juden beginnt der Tag mit dem Sonnenuntergang. Demzufolge wurde Jesus in den Nachtstunden geboren.

Nacht! Das war Jesus bis dahin unbekannt – im Himmel gibt es nämlich keine Nacht. Denn »*Gott ist Licht, und in ihm ist gar keine Finsternis*« (1. Johannes 1,5). Bisher war seine Heimat die Herrlichkeit des Vaters.

Aber an Weihnachten tauchte Jesus in ungekannte Finsternis, in unsere Dunkelheit. Der Prophet Jesaja drückt es so aus: »*Das Volk, das im Finstern wandelt, hat ein großes Licht gesehen; die da wohnen im Land des Todesschattens, Licht hat über ihnen geleuchtet*« (Jesaja 9,1).

Von Jesus und seiner Geburt kann man nicht sagen, dass er »*das Licht der Welt erblickte*«. Ganz im Gegenteil.

Als er seine Augen zum ersten Mal aufschlug, erblickte er Dunkelheit. *»Das Licht scheint in der Finsternis, und die Finsternis hat es nicht erfasst«*, nicht begriffen, nicht gemerkt (Johannes 1,5).

———— ◆ ————

Weißt du, woher unser deutsches Wort »Gnade« stammt? Es ist wahrscheinlich abgeleitet von dem uralten germanischen Wort »genada« (= »sich herabneigen«). Damals gab es eine Redewendung. Wenn unsere Urahnen der Sonne zusahen, wie sie abends niedersank und am Horizont die Erde zu berühren schien, sagte man: *»Sie genaht«* (= *»sie nähert sich«; »sie neigt sich«*). *»Die Sonne kommt herab.«* Genau diese Gnade, diese Herabneigung, begegnet uns in Jesus: Gott kommt uns nah. Und dazu neigt er sich sehr, sehr tief. Er nimmt teil an unserem Jammer. Das ist Weihnachten!

Der Liederdichter Paul Gerhardt drückt es so aus:
Ich lag in tiefster Todesnacht.
Du warest meine Sonne, / die Sonne, die mir zugebracht
Licht, Leben, Freud und Wonne.

Viele bauen an Weihnachten einen kleinen Stall mit romantischen Figuren auf. In einer behaglich hergerichteten Krippe liegt weich gepolstert ein selig lächelndes Christkind – in »himmlischer Ruh«. Aber so war es leider nicht. Was damals wirklich geschah, ist mit Krippenfiguren gar nicht nachzustellen.

Bethlehem war unbequem! In der Stadt war es laut. In der Herberge war kein Platz. Im ganzen Ort war kein Unterkommen. Nur draußen, unter freiem Himmel, beim Vieh. Was muss Maria damals empfunden haben? Hier sollte sie ihr Kind gebären? In dieser unwürdigen Umgebung? War ihr nicht angekündigt worden, dass sie den ersehnten Messias zur Welt bringen werde?

»Du wirst ... einen Sohn gebären ... Dieser wird groß sein und Sohn des Höchsten genannt werden; und Gott der Herr wird ihm den Thron seines Vaters David geben ...« (Lukas 1,31-33).

Und dann? Dann kam alles so anders. Ganz anders, als sie es erwartet hatte. Nun lag sie in heftigen Wehen – die Geburt ihres ersten Kindes stand bevor – in einer fremden, abstoßenden Umgebung – ohne Hilfe.

Ihrem Baby wollte der Höchste einmal den Thron Davids geben?! Müsste Jesus dann nicht in einem Palast zur Welt kommen? Von wegen prächtiger Thronsaal – ein Tierstall! Und statt Engelsgesang – Eselsgestank!

Der Herr Jesus Christus wurde ohne jeden Komfort und ohne jegliche Hilfe geboren. Kannst du dir das vorstellen? Wie sehr hat sich der Herr aller Herren erniedrigt! Maria musste ihn in einen Futtertrog legen. Sie fand keine andere Möglichkeit. Was für ein Start! Dieser neugeborene Säugling hatte kein Kinderbettchen und auch keinen Wickeltisch. Maria legte ihn in einen Futtertrog.

Dieser »Krippenplatz« war alles andere als behaglich. Das war keine nette »Kinderkrippe« wie heutzutage – ein Ort der Geborgenheit für Kleinkinder. Man könnte seine Unterkunft vielleicht so vergleichen: Die Krippe von Bethlehem wäre heute etwa so wie eine Altpapiertonne auf einer Autobahn-Raststätte. Seine Wiege war unsauber, ungeschützt, ungeheizt – ungeheuerlich!

Sehr wahrscheinlich war die Krippe, in die man den Neugeborenen legte, aus Stein. In Israel benutzte man Futtertröge aus Sandstein. Krippen aus Holz werden von den Tieren zu rasch angeknabbert. Seine Krippe glich demnach einem Steinsarg – einem Sarkophag. Wir werden geboren, um zu leben – er wurde geboren, um zu sterben – für uns!

Es ist erschütternd festzustellen: Am Anfang seines Lebens wickelt Maria ihren Sohn Jesus in Leinentücher – in Windeln – und legt ihn in einen Steintrog (Lukas 2,7). Joseph schaut ihr wahrscheinlich dabei zu.

Am Ende seines Lebens ist es ganz ähnlich: Da wickelt ein Joseph den Sohn Gottes in Leinentücher und legt ihn in eine Felsengruft – in sein Grab. Zwei Marias schauen dabei zu. Lies es nach in Matthäus 27,59-61.

Ist das nicht eine krasse Spur, die von der Krippe über das Kreuz bis zum Grab führt? Bethlehem und Golgatha liegen gar nicht so weit auseinander. Es sind nicht einmal zehn Kilometer. ❄

8 Bände zum Vorlesen und Nachmachen

LIMM & NIES

Die Buch-reihe zum Sammeln

wird bald fortgesetzt